幼儿园结构管理的
演进与实践

龚 燕/著

吉林文史出版社

图书在版编目（CIP）数据

幼儿园结构管理的演进与实践 / 龚燕著. － 长春：
吉林文史出版社，2023.8
ISBN 978-7-5472-9654-7

Ⅰ. ①幼…　Ⅱ. ①龚…　Ⅲ. ①幼儿园—管理　Ⅳ. ①G617

中国国家版本馆 CIP 数据核字（2023）第 161862 号

幼儿园结构管理的演进与实践

YOU'ERYUAN JIEGOU GUANLI DE YANJIN YU SHIJIAN

著　　者	龚　燕	
责任编辑	弭　兰	
封面设计	品诚文化	
出版发行	吉林文史出版社	
地　　址	长春市福祉大路 5788 号	
邮　　编	130117	
印　　刷	四川金鹏宏达实业有限公司	
开　　本	710mm×1000mm　1/16	
印　　张	10.5	
字　　数	178 千字	
版　　次	2023 年 8 月第 1 版	
印　　次	2023 年 8 月第 1 次印刷	
书　　号	ISBN 978-7-5472-9654-7	
定　　价	60.00 元	

序　言

　　随着学前教育改革的日益深化，幼儿园高质量发展已经成为学前教育工作者共同关注的重要话题。一所幼儿园能否走上高质量发展之路，园长是关键。正如苏霍姆林斯基所言："一个好校长就是一所好学校。"同样，一个好园长就是一所好的幼儿园。在我看来，优秀的园长应该具备科学的管理知识，能够坚持不懈地追求卓越。他们热爱幼儿和教职员工，能够引导教师专业成长，并为幼儿提供健康、快乐的成长环境。更重要的是，优秀的园长要能适应时代和政策的变化，在任何环境下都能履行职责。令我感到欣慰的是，我有幸认识的龚燕园长便是这样一位优秀的园长。

　　龚燕园长作为贵州省省级示范一类园——贵阳实验幼儿园的"当家人"，在近三十年的园长管理生涯中，可谓兢兢业业、呕心沥血，为园长工作付出了极大的热情和努力，也收获了累累硕果。更难能可贵的是，她依然保持着对学习的热情，从未停止学习的步伐，时刻牢记园长的责任，不忘初心，引领新园长和教师不断成长。工作之余，她将自己的人生成长故事和管理经验编撰成书，为在园长探索之路上踽踽前行的新任园长们点亮了一盏指路明灯。

　　本书分为五个部分，以一系列真实而完整的人物故事为主线，生动地描绘了一位园长五次蝶变的成长过程。龚燕园长巧妙地用五个词来概括这五次变化，分别为非结构管理、低结构管理、高结构管理、复结构管理和芯结构管理。这些简明扼要的词汇实际上也概括了大多数园长的职业成长轨迹：非结构管理特征通常出现在初为园长的年轻教师身上，他们凭借着对幼儿教育事业的一腔赤诚在管理工作中事无巨细，情感充沛但难免艰辛；低结构管理阶段的园长开始了解管理工作的特殊性，逐步具备明确的目标并开始探索成熟的路径，能在前期的情感积淀基础上总结出管理工作的方式方法；而高结构管理方法一般为成熟型园长所掌握，在多年的经验总结中，园长能在各项工作中制定出完善的管理方法、标准的工作流程以及分层分级的评价制度，使幼儿园的运行更加平稳高效；最后到达复结构管理和芯结构管理阶段，我认为这是成熟型园长向专家型园长蜕变的标志。例如，本书对这两个阶段的描述中，我们看到龚燕园长不忘初心，探索幼儿园的核心价值与文化内核，顺应时势，充分利用现代科技整合教育资源，最终打造出如今集特色与优势于一体的省级示范幼儿园。

纵观贵州省学前教育发展的现状，不可否认的是，我们与发达省份还存在一定的差距，区域发展不平衡矛盾较突出，部分地区还存在幼儿园师资短缺、管理不到位、办学质量参差不齐等现象，这些都是办有质量的学前教育、促进幼儿健康快乐成长所必须解决的问题。为此，我们正需要像龚燕园长一样的领头羊，以一颗赤子之心，将自己多年的园长经验倾囊相授，带领更多的学前人走得更远、更高，为贵州省学前教育高质量发展贡献自己的力量。

贵阳幼儿师范高等专科学校校长　翟理红

目 录
CONTENTS

引 言 ……………………………………………………………（ 1 ）

第一章 黔南驻园 懵懂成长 ……………………………（ 4 ）

    第一节 关于非结构管理 ………………………………（ 4 ）

    第二节 初涉管理的那四年 ……………………………（ 5 ）

    总 结 ……………………………………………………（ 16 ）

第二章 黔山灵秀 依稀成长 ……………………………（ 22 ）

    第一节 关于低结构管理 ………………………………（ 22 ）

    第二节 走上管理大道又四年 …………………………（ 26 ）

    第三节 那些特别的记忆 ………………………………（ 30 ）

    总 结 ……………………………………………………（ 31 ）

第三章 黔山灵秀 积势而发 ……………………………（ 35 ）

    第一节 关于高结构管理 ………………………………（ 35 ）

    第二节 管理改革那些年 ………………………………（ 38 ）

    第三节 新老教师结对带教工程 ………………………（ 39 ）

    第四节 教师分层管理 …………………………………（ 42 ）

    第五节 园之舞者 硕果天成 …………………………（ 46 ）

    总 结 ……………………………………………………（ 60 ）

第四章 春风化雨 能量提升 ……………………………（ 61 ）

    第一节 关于复结构管理 ………………………………（ 61 ）

    第二节 管理爆发这些年 ………………………………（ 64 ）

　　第三节　共筑多彩梦，快乐同成长 ································（80）

　　总　　结 ··（98）

第五章　素质教育　立德树人 ··（109）

　　第一节　关于芯结构管理 ··（109）

　　第二节　管理走向现代化 ··（111）

　　第三节　纵横教研模式促教师专业提升 ··························（113）

　　第四节　基地园建设辐射引领成长 ································（116）

　　第五节　国培项目共促发展 ······································（118）

　　第六节　名园长工作室呵护童心　携手同行 ······················（120）

　　第七节　名园长工作室场域中的专业发展空间 ····················（129）

　　第八节　我的四季与我的幼儿园 ··································（138）

　　总　　结 ··（147）

后　　记 ··（160）

引　言

　　幼儿园管理是一门艺术，也是一门科学。作为一名幼儿园园长，我一直致力于幼儿园管理方式和教育理念的探索与实践。三十多年来，我亲身经历了幼儿园管理中的各种挑战，在幼儿园教育管理的实践中摸索前行，经历了非结构管理、低结构管理、高结构管理、复结构管理、芯结构管理阶段，每个阶段都给予我深刻的教益，帮助我逐渐形成了自己独特的管理理念与实践方法。基于这些宝贵的实教从学经验，我决定以《幼儿园结构管理的演进与实践》为题，与广大学前教育领域同行分享我的思考与成长经历。

一、非结构管理：黔南驻园，懵懂成长（保姆式管理）

　　我以一名新手教师的身份踏入学前教育领域，初步接触幼儿园管理。彼时我对教育管理知识和工作技巧一无所知，但我怀着对幼儿教育的热情投入工作之中。这种保姆式的管理模式让我像驻园的阿姨一样，全身心地投入照顾幼儿的事务之中，尽力满足他们的各项需求。尽管这种管理模式并不完善，但它教会了我如何与幼儿建立信任和亲密关系，为他们的健康成长奠定基础。在学前教育的保教理论中，保姆式管理更多地关注幼儿的一日生活和情感需求，强调对幼儿的温情关爱与个性化呵护，并为幼儿提供一个安全、温暖和稳定的环境，让其在亲密的关系中逐渐发展。这个阶段主要呈现出非结构管理模式。

二、低结构管理：黔山秀水，依稀成长（园长式管理）

　　随着从教经验和时间的积累，我逐渐从一名教师成长为一名园长。在低结构管理阶段，我尝试基于个人经验和直觉体验的管理方式，以自己勘定的目标为中心，力求在幼儿园建立秩序、确保稳定。我像黔山秀水一样无声地引导着每个幼儿成长。这种管理模式在幼儿教育管理理论中被称为园长式管理。园长式管理强调园长的领导力和决策力，园长凭借个人经验和直觉来指导园所的运作。它注重园长的角色塑造和管理风格，园长通过个人魅力和专业能力来影响和引导园所的发展。在此阶段，我开始思考如何更好地利用自己的优势和能力，为幼儿园的发展、师幼的成长提供一定的支持。

三、高结构管理：黔山灵秀，蓄势而发（制度化管理）

为了更好地应对幼儿园管理的挑战，我开始探索高结构化的管理方式。高结构管理以制度化为基础，通过制定明确的幼儿园规章制度和流程，确保管理效率的提升与规范的遵循。我尝试将园所比作黔山灵秀，积极地囤积发展资源，科学地实施知识管理，使幼儿园成为一个良好的供幼儿学习与发展的环境。在幼儿园教育管理理论中，制度化管理是一种有效的管理方式。它通过明确的制度和规范，为幼儿园提供明确的管理方向和框架。制度化管理强调规范性和组织性，通过明确的流程和职责分工，提高管理效率及一致性。在此阶段，我开始思考如何建立有效制度和规范，以及如何为幼儿园的发展提供支持和保障。

四、复结构管理：春风化雨，能量提升（文化性管理）

我开始思考如何将管理模式从高度制度化转向更具灵活性和文化性的管理方式——复结构管理，它成为我新的探索方向。在此阶段，我以文化性管理为基础，注重打造园所的核心价值观和文化氛围。我将园所比作春风化雨，为幼儿与教师提供了生长和发展的熏陶教育，培养团队的凝聚力，为幼儿园的发展注入新的动力。文化性管理强调园所的核心价值观和文化建设，通过共同的信念和目标来凝聚团队力量。它强调团队合作和共同成长，通过共享的文化价值观和理念来塑造园所的特色和优势。在此阶段，我开始思考如何激发团队的创造力和活力，尝试为幼儿园的发展注入新的动力。

五、芯结构管理：科学保育，幼儿发展（现代化管理）

身处信息时代，幼儿园管理亟须适应教育现代化的内在需求。芯结构管理成为我对学前教育管理之突围的路径依赖。这种管理模式以科学保教和幼儿发展为核心，强调关注幼儿学习与发展的整体性、尊重幼儿发展的个体差异、理解幼儿的学习方式和特点、尊重幼儿的学习品质，与《3—6岁儿童学习与发展指南》高度契合。我将园所比作进行现代化建设的项目，通过科技创新和教育资源的整合，为幼儿园的发展提供更广阔的空间。在学前教育理论中，现代保教理念强调从健康、语言、社会、科学、艺术等五个领域来探讨幼儿的学习与发展，注重通过有效帮助和促进幼儿学习与发展的教育途径与方法，为幼儿的成长和发展提供全面支持。在此阶段，我尝试通过现代学前教育管理方式，推动幼儿园的发展和创新，实现学前教育的现代保教目标。

六、动因与期盼：多维管理与实践的个性化突围

在近三十年的幼儿园管理实践中，我经历了非结构管理、低结构管理、高结构管理、复结构管理和芯结构管理这五个阶段，每个阶段都对我的管理思维和实践产生了重要的影响。我意识到，幼儿园管理不应固守一种模式，而是应该与时俱化、灵活应变，根据幼儿、教师的需求和社会的变化来调整学前教育管理策略。

本书是我近三十年幼儿园管理经验的集成，希望它能为广大幼儿园管理者和保教工作者提供一些思路和启示，能为他们深刻领会多维的管理与实践提供帮助。无论你是一名幼儿园管理者、保教工作者还是对学前教育感兴趣的读者，我诚挚地邀请你与我一同上路，共同回温与探索幼儿园管理的多重结构。

第一章　黔南驻园　懵懂成长

非结构管理的核心理念是以保姆式管理为基础，关注幼儿的个体需求和情感发展。这一理念基于学前教育领域的关系教育理论、发展任务理论、个别化管理理论和情感教育理论，强调与幼儿建立良好的信任关系，为幼儿提供温暖、关怀的环境。这种非结构管理的方法可以激发幼儿的学习兴趣和主动性，培养他们的探索精神和自主学习能力，鼓励幼儿从事自己感兴趣的活动，使他们在学前教育阶段得到全面的发展。

第一节　关于非结构管理

在幼儿园的管理实践中，非结构管理是一个极富挑战性和独特性的阶段。作为一名园长，我亲身经历了这一阶段，在其中摸索与成长，深刻认识到了它的优势和局限。在本书的第一章中，我将借助幼儿园教育管理理论，通过人类学的记述方法，向读者呈现我在非结构管理中的经历和心得体会。

非结构管理在幼儿园教育管理中强调个体化关怀、自由探索和情感发展等。通过关注幼儿的情感需求、促进其自主学习和培养教师的反思性实践，非结构管理为幼儿的综合发展提供了有益的教育环境和实践途径。保姆式管理在学前教育理论中强调个体关怀、情感发展和个别化教育。通过关注幼儿的个体需求和发展任务，园长和教师在保姆式管理中与幼儿建立亲密关系，为幼儿提供个性化的关怀和支持，促进幼儿全面发展。这种管理方式注重培养幼儿的情感表达能力、社交技能和社会适应能力，满足幼儿的情感发展需求。

一、关系教育理论

关系教育理论认为，人与人之间的关系对于幼儿的发展至关重要。在保姆式管理中，园长和教师与幼儿建立亲密关系，彼此信任，园长和教师学会倾听幼儿的声音，关注幼儿的需求和感受。通过与幼儿互动和交流，园长和教师能够更好地了解幼儿的个体差异，为幼儿提供个性化的教育和关怀，促进幼儿的情感发展，培养幼儿的社会技能。

二、发展任务理论

发展任务理论关注幼儿在不同阶段面临的发展任务和需求。在保姆式管理中，园长和教师关注幼儿的个体需求，帮助他们解决与发展任务相关的问题。例如，在幼儿的情感发展阶段，园长和教师通过提供温暖、关怀的环境，与幼儿建立亲密关系，给予幼儿安全感和归属感，培养他们的情感表达能力和社交技能。

三、个别化管理理论

个别化管理理论强调根据幼儿的个体差异和需求进行管理和教育。在保姆式管理中，园长和教师要关注每个幼儿的独特性，并为其提供个性化的关怀和支持。通过与幼儿建立亲密关系，园长和教师能够更好地了解幼儿的兴趣、需求和学习风格，有针对性地设计教学活动并提供适当的教育资源，促进幼儿全面发展。

四、情感教育理论

情感教育理论认为，情感发展是幼儿教育的核心内容。在保姆式管理中，园长和教师注重幼儿的情感发展，通过与幼儿建立亲密关系和提供温暖的环境，培养幼儿的情感表达能力、情绪管理能力和人际交往能力。园长和教师通过关怀和接纳幼儿的情感需求，帮助他们建立积极的自我认知，获得健康的情感发展，提高情绪调控能力和社会适应能力。

第二节　初涉管理的那四年

中学毕业即踏进贵阳幼儿师范学校的大门，注定了我这辈子与幼儿的情缘与业缘，与学前教育永远的关联。1990 年 7 月毕业后，我为了找到合适的工作，可以说是经历了一波三折，最终如愿以偿进入贵阳铁路分局凯里幼儿园。在这里，我先担任幼儿园教师，出色地完成了幼儿教师的本职工作，得到了领导的认可。因此，1996年8月，我接到了调任贵阳铁路分局都匀幼儿园担任副园长的通知。

提任副园长的还有三位教师，时任贵阳铁路分局教育分处的丹君处长请我们到局里谈话。他首先肯定了我们的工作，正是因为我们在工作中踏实、上进，让大家看到了我们的专业精神，我们才会有今天的工作成绩。他希望我们到了新的工作岗位后，加强学习，不断调整自己的工作思路，针对幼儿园的具体情况，做好自己的管理工作。从一名普通教师走上管理岗位，我们需要不断调整心态，正视不足，大胆管理，不断创新。

铁路局实行半军事化管理，一所铁路子弟幼儿园自然也受到了影响，在凯里幼儿园工作的六年中，我养成了认真、专注的做事习惯。在凯里幼儿园的第一个学期，园长分配我到了一个小班，由老教师吴姿兰带我。吴老师的实践经验非常丰富，经常教我如何与幼儿相处，如何组织幼儿喜欢的活动。她的语言表达能力特别强，还会将自己化装成老婆婆、老爷爷，通过各种不同的角色，让幼儿拥有别致的游戏体验，开心地度过每一天。我也经常依葫芦画瓢，不断学习老教师的做法，结合在幼师的理论学习，使班级工作进展得非常顺利，因此得到园长、同事和幼儿家长的肯定，第二学期就独立带班当上了班主任。经过自己的不断努力和不断学习，我获得了上级领导的认可，可是来到自己初任园长的幼儿园，还是非常忐忑，毕竟我只有六年的工作经历，不知自己能否驾驭好管理工作，管理全园而不是一个班级，自己能行吗？虽然各种疑问堆积在心里，我还是义无反顾地走上了新的工作岗位。

初来乍到，一切都是那样新鲜而又不知如何下手，我只好先了解幼儿园的情况，再安排各项管理工作。由于自己谦虚谨慎，我在短时间内就得到了大家的理解和认可。自此，懵懂的管理生活开始了。

都匀铁路幼儿园创建于1988年，占地仅有1000多平方米，开设班级9个。为了铁路局职工能够安心工作，都匀铁路幼儿园开设有托班和小中大4个年龄段的班级。全园有保健医生1名，财务人员2名，后勤管理人员1名，厨房人员5名，采购1名，副园长2名，保教主任1名，教师18名，保育员9名，幼儿近400名。

当时的副园长孙曼丽即将退休，她带着我和全园教职工见了面，宣读了铁路分局教育分处的任免文件。看到陌生的同事们，我心里一直在打鼓，从一个幼儿教师走上管理岗位，我该如何开始工作呢？虽然孙副园长年底才退休，可以为我遮挡一阵子风雨，但我必须尽快上手。为了让我更好地开展工作，她一次次谆谆教诲我，要我多和大家在一起，多了解大家的想法，多观察大家的工作，不要因为自己是副园长就脱离大家，要认真听取大家的意见或建议，认真分析幼儿园的工作内容，这样才能让自己更快地进入角色。我非常感激孙副园长半年的陪伴，正因如此，我才对自己的工作有了进一步的了解，也在她的悉心帮助下战胜了生活和工作中的诸多困难，并逐渐开始有了留下来工作的想法。更是因为孙副园长的助力，我仅在此后的半年内就通过了铁路分局教育分处的干部考查，从副园长转为园长。

先来讲述让我印象深刻的第一次会议吧。召开会议是我初任园长的第一道关，面对几十名职工，如果不注意讲话方式，或者讲话的内容混乱、会议流程模糊，就会影响大家对我的评价。之前，我频频回忆前任园长的开会形式及讲话方式，也跟随孙副园长参加了几场会议，有了一些眉目。为了开好第一次职工大会，我冥思苦想，根据以往的经验，在工作笔记本上认真写下在会上要说的每一句话，认真阅读、反复推敲后才放心地休息（这个笔记本一直伴随着我，我现在看着当时写的每一句话，发现它们是那样稚嫩，甚至还有口水话）。第二天，我带着笔记本召开了第一次由自己组织的全园职工大会。由于有充分的准备，会上的我展现了不俗的控场能力，并得到了大家的认可，这也让我信心满满。应该说，第一次职工大会的顺利开展，让我充满了管理的信心。毕竟，初任园长的我是需要自我肯定的。

再来说说幼儿园的门面。作为新任园长，我平时跟教师聊天时会发现大家对幼儿园的福利有自己的想法。都匀铁路幼儿园坐落在火车站旁边，距离铁路小区以及铁路办事处、铁路工务段、铁路电务段、铁路车务段、铁路房建段等机关和单位都很近。都匀连接着麻尾、独山、贵定等线路，是当时的铁路交通要道之一。基于这一现状，大家认为我们可以把幼儿园外长长的围墙利用起来，通过出租门面来获取效益。我知晓大家的想法后，觉得这个想法可行，便与班子成员商量，想要在幼儿园的围墙处进行门面设置，以赚取的租金来改善大家的福利待遇。说干就干，我们找来了施工人员，从院子里开始修建门面，再打开围墙设置门面的大门。当一个个门面出现在大家眼前时，铁路地区的老干部们开始有了反对意见。当初我们幼儿园的户外环境是他们的小花园，为了孩子们更好地活动，他们才忍痛割爱，允许幼儿园修建围墙圈起来。他们找到当时的贵阳铁路分局领导反映，强烈要求拆掉门面。

我知道此事时，正在积极招租门面。上级领导派了人现场查看，当看到我们并没有破坏幼儿的户外场地，只是对围墙进行了拆建，用门面做了围墙时，没有对我进行处罚，也没有来找我了解此事。也许我当时真的太年轻，做事不计后果，也没权衡利弊，就这么风风火火地干了一件大事。这在当时来说，对幼儿园教职工的影响还是非常大的。大家集资为幼儿园修建了门面，到当年的年底就直接收到了幼儿园返还的本金，还有了和过去不一样的福利，大家都觉得这是一件好事。

记忆中我是在都匀加入的党组织。1996年从凯里铁路幼儿园调入都匀时，我就是培养对象，由于当时都匀铁路幼儿园没有成立党支部，是与都匀铁小一起成立的联合支部，所以每一次党建活动都是在教匀铁小进行的。当时从凯里转入自己的入党事宜，通过观明书记的帮助，重新在幼儿园找到了我的入党介绍人。经过多次的谈话、学习、实践活动，我终于在1997年7月1日顺利加入了党组织，成了一名正式党员。在联合支部的管理下，我坚持参加支部活动，认真学习党的相关理论，不断调整工作目标，带领幼儿园全体教职工不断努力。正是这样，我在1997年3月就通过了铁路分局教育分处的考核，成了园长，开启了我在都匀铁路幼儿园的第三任园长管理之旅。

再说说各种活动的开展。在都匀铁路幼儿园的四年中，我们开展了无数的活动，比如教师优质课比赛、铁路分局的七项技能比赛、六一活动、毕业活动、迎新活动、工会活动、冬季运动会、市级的每年年终检查等。

教师优质课比赛是铁路分局教育分处与都匀市教育局都要举办的，一开始只有极少数教师报名。我为了激发大家的积极性，和保教主任带着大家慢慢磨课。后来，参加过比赛的教师也会来交流心得，为其他教师提供帮助。就这样，更多的教师参与了进来，成长了起来。四年中，都匀幼儿园在铁路分局和都匀市的优质课评比中获得过一、二、三等奖，这个成绩让我很欣慰。

每年的六一活动是大家最盼望的。全园9个班级的幼儿家长在这天都会齐聚幼儿园，认真地参与活动。每个班级都准备了亲子活动，幼儿与家长在前期不辞辛苦地练习，为的是活动当天能够在幼儿园的舞台上展现优质的表演。幼儿园还很用心地为幼儿挑选了节日礼物，有时是玩具、学具，有时是零食等。而每次六一活动，我都会买一条新裙子亮相，其实那时候对仪式感并没有太多的思考，只认为自己应该收拾收拾，不能像平时一样穿着工作服发言或者致辞。

还记得教师的继续教育考核，当时的铁路分局教育分处管理很规范，要求教职工都必须参与地方的专业管理。我们除了要完成既定的学习内容（三笔字、其他专业内容的学习等）外，还需要进行技能的训练和考核。面对当时的继续教育，大家都不敢掉以轻心，毕竟这是一所铁路分局幼儿园，很多教师都是从铁路局其他部门转岗过来任教的（如由列车员、机车工、电检工等转岗而来，前期经过铁路的专门院校如成都铁路局师范学校等开展的短期培训或是贵阳幼儿师范学校的代培），专业的幼师并不多。因此，在继续教育培训中，幼儿园安排了详细的学习内容，也让幼师专业的教师带着转岗教师学习绘画、琴法、讲故事等。当时幼儿园还专门邀请黔南州歌舞团的舞蹈编导编排了《山路十八弯》《月光下的凤尾竹》《北京的金山上》《阿里郎》等民族舞蹈，大家练习得非常认真。最后由都匀市教育局进行考核，我也从头到尾认真参与，大家在唱歌和跳舞中很是热闹地完成了第一轮的继续教育。

每隔两年，铁路分局教育分处都会举办一次教师技能大赛。我园是一所成长中的幼儿园，年轻教师的教学水平正在不断提升，对此项大赛很是重视。记得在一次教师技能大赛中，小徐老师成绩很突出，在竞争中脱颖而出。她除了参加技能比赛的全能项目外，还参加了单项比赛。她与小谢老师（舞蹈单项）一起到贵铁分局六盘水铁路幼儿园（当时有7所铁路幼儿园轮流承办）参加比赛。经过激烈的角逐，小徐获得了个人讲故事、绘画的单项奖，以及全能项目的奖项；小谢获得了舞蹈的单项奖。都匀铁路幼儿园教师的专业能力得到了铁路教育分处的高度认可。

还记得有一年要进行舞蹈展演，为了在比赛中取得好名次，经过大家的讨论，邀请了黔南州歌舞团队的编舞老师来进行指导。经过大家的辛苦练习，苗族舞蹈《翻手帕》在激烈的竞争中获得了展演一等奖。大家对都匀铁路幼儿园褒奖不断，都匀铁路幼儿园教师的专业技能在不断提升。

每年的迎新晚会是幼儿园的重头戏，我会提前告知大家该准备了，大家都会自行结对，表演拿手的节目。当时我还专门向铁路分局教育分处申请了一笔经费，为活动室购买了一套布艺沙发、一套音响设备，配备话筒、影碟机等，这在当时称得上是很了不起的设施了，大家也算是有了一个专门的活动场地。大家很兴奋，每到年底都会大显一番身手，在开心的氛围中迎来新的一年。这个活动室也是平时工会活动的场所和召开集体会议的地方，大家对整个环境都很满意。

都匀铁路幼儿园每年都会有两次全园集体外出走进自然的活动，上半年是春游，下半年是秋游。每学期的活动是大家最期盼的，不管是托班不到3

岁的宝贝，还是大班即将毕业的宝贝。为了不辜负宝贝们的期待，大家都积极准备，首先是寻找适合幼儿集体活动的开阔场地，确保场地没有安全隐患，大片的草地一定是首选。大家带上好吃的与同伴分享，教师还组织幼儿开展游戏、绘画、讲故事、表演等活动。幼儿在大自然中玩得尽兴，寻找大自然的秘密是多么让人欣喜的事情啊。大家找到树枝摆造型，在草丛里寻找小昆虫，每每发现蚯蚓、蜗牛等都会大声呼唤其他同伴，一起观察蚯蚓在地里打滚儿，观察蜗牛是如何移动的，开心得不得了。下午集合回园时，托班的幼儿累得打起了瞌睡，被教师抱着或牵着，很有喜感。我们近 400 人的大部队外出，长长的公交车队经常引得路人注目。每次开展活动前，我都会与班主任们商议，安排好各班级的车辆，每次出发前必须逐一统计乘车人数，回来也一定要清点好人数。记得有一次春游是在都匀市西山公园，由于离幼儿园近，我跟教师商量，可以在公园里进餐，让幼儿感受不一样的氛围。于是，经过大家的精心准备，幼儿在公园里观察植物，在草地上嬉戏，寻找不一样的树叶等，而幼儿园后勤团队肩挑手提，终于把餐食带到了西山公园。幼儿一排排坐在公园的空地上，津津有味地吃着幼儿园的饭菜，有趣极了。这是一次非常难忘的走入自然的活动，师幼都在自然的环境中十分兴奋，不愿意过早离开，还盼望着下次能有跟大自然亲密接触的机会。是啊，幼儿对自然有着天然的亲近感，如果我们经常为幼儿提供亲近自然的机会，那么幼儿的活动天地该有多美！

最难忘的，还是在幼儿园里饲养了一只猴子和一头猪。当时幼儿园有一个不小的水池，池中有假山。我发现教师和幼儿对黔灵山的猕猴很感兴趣，但因为身处都匀，所以不能经常看到猴子。于是，我跟大家商量领养一只猴子，让幼儿观察、喂养。大家一致同意后，我们联系了公园管理人员，领养了一只猴子，并对水池进行了处理，将池中的水放干，增加了较高的围栏，专门给猴子做了个大大的笼子，让猴子舒适地生活在假山中。幼儿对猴子的到来特别欢喜，经常要去看看、逗逗猴子。由于怕猴子伤着幼儿，我们使用了笼子。但是，猴子的天性是喜欢上蹿下跳，所以没过多久，猴子就显得有些郁郁寡欢了。我和幼儿商量后，果断地将它送回了公园。虽然是这样的结局，但猴子的到来还是给了幼儿园的宝贝们意想不到的欢乐和收获，他们感受到了猴子是野生动物，在它的天地里生活才是最自在的，从而了解到应该如何关爱动物。

关于养猪，那就太值得说说了。幼儿园的后勤师傅姓杨，喜欢每天骑着他的那辆三轮车外出采购幼儿园的食物或者其他物品。有一天，他找到我说，幼儿园的泔水很多，现在由别人买走使用，如果我们自己喂猪，是不是既不浪费泔水，又给大家谋了福利呢？我记得当时我思考了两天，又和大家商量了好久，大家认为可以尝试一下，于是我允许杨师傅喂养一头猪。杨师傅很激动，并积极行动起来。他和我一起在幼儿园中挑了一处适合养猪的地方，开始修建猪圈。作为一名老党员、一名老员工，他的认真精神打动了我，我也不时在旁边帮帮忙，还号召幼儿园的后勤人员积极参与这项工作。小猪买来了，杨师傅任劳任怨地开始养猪。可是没过多久，他又找到我，说幼儿园的泔水不够逐渐长大的猪吃了，我只好同意他去买点猪饲料搭配着养猪。杨师傅一心一意地喂养，每天还清理猪圈，将猪圈的腥臭味减到最轻。到了年底，杨师傅找来了杀猪人，幼儿园全园教工和幼儿都分到了一小块猪肉，大家特别开心。即使是在平时痛恨猪粪的人，在分到猪肉的那一刻，也露出了由衷的笑容。这是幼儿园管理过程中让我每每回忆起来都倍感有趣的一件事，大家也都对这件事念念不忘。如果不是猪圈味道大，可能我们还会再尝试。而且，杨师傅就快退休了，大家遂在这件事上打了退堂鼓，毕竟没有人能够像杨师傅那样尽心尽力地做好这件苦差事。大家也感受到了要把一头猪养大不是一件容易的事，对杨师傅的付出赞誉有加。

在 20 世纪 90 年代末期，我们幼儿园的保教工作开展得有声有色。

在保教并重的工作要求下，面对铁路工人大多为双职工家庭的现状，我们会为 3 岁以下的幼儿专门开设托班。然而这跟现在我们重视托育工作是不一样的，当时主要是为了缓解铁路双职工的工作负担，现在设托班是因为国家对托育工作重视起来，并安排了各级妇联和卫健等部门联合管理。还记得我当时对于托班的要求就是找到合适的保育教师，对于遴选前来应聘的保育教师非常关注。虽然只有一个托班，但我们仍尽量把这个班级的人员搭配好，专门找到年龄较大、有爱心和责任心的人员担任保育工作。在工作开展方面，配置了骨干教师和保健医生；在饮食方面，食堂师傅们专门在托班将食物处理得更加软烂。因此，托班得到了幼儿家长和上级领导的认可，每年都有不少家长将孩子送来，但幼儿园条件有限，只能开设一个托班，很多家长只能放弃，等孩子到了 3 岁再送入园。在幼儿园的管理工作中，托班是关注的重点，毕竟是 3 岁以下的孩子，不光是每天的户外活动安排，就连一日的餐点也和其他哥哥姐姐不一样，当然，受益的是孩子和家长，每学期的托班招生总是最先满员。

除了关注托班保育工作，我们也重视其他班级，除了对所有班级进行日常的监测外，每学期还会让保健医生参加日常保育工作培训，进行保育工作考核，包括理论考核、实操考核。虽然保育教师都是临聘人员，但是大家在工作中都能认同幼儿园的管理，关注保育与教育工作的结合，配合度很高。

铁路分局教育分处设有专门的幼教管理人员，为各幼儿园提供保教工作资讯。印象中有一年引进了北京冬雪公司的婴幼儿识字游戏活动，要求各幼儿园所有幼儿积极参与，所有教师也通过局里组织的学习和培训，掌握了识字游戏的画指、点指等方法，每年还参加局里的识字游戏优质课评比等。很多从都匀铁路幼儿园毕业的幼儿都深得小学教师的喜欢，因为他们通过游戏认识了很多汉字。

铁路分局教育分处给各幼儿园引进了供幼儿操作的学具。这些学具是一个个的多面体，每一面的图案都不一样，代表着不同的学科内容，有自然常识的，有数学的，有语言的，有美术的，等等。在那时的学前教育阶段，这种学具对幼儿的动手动脑能力有着非常大的促进作用，也对教师更好地开展教学活动有着深远的影响。在铁路分局教育分处的管理下，教师通过集体培训，掌握了一整套操作方法，带着幼儿进行学习。这在当时是一种比较流行甚至说超前的学习模式。教师还按照上级要求不断创新，并实时关注幼儿的状态。铁路分局教育分处还通过示范课和优质课的评比评出优秀指导教师。每一次教育分处的评比，我们各园所都积极参加，生怕落后。

铁路分局教育分处还给幼儿园四楼顶平台购买了一套游戏区材料，幼儿在游戏区玩得很尽兴。这类似于近年的幼儿园公共活动区的设置模式，也就是说我们在当时的条件下，充分利用资源关注了幼儿的发展需求。

幼儿园非常注重幼儿的体育活动，除了开设专门的体育课，每学期还组织幼儿学习器械操，并进行检查。各年级组根据幼儿的年龄特点选择器械，通过器械的不同玩法，让幼儿充分锻炼身体。如组合使用拉力器、小木凳、垫子等器械，丰富器械的玩法，让幼儿尝试各种动作，如跳、爬等，锻炼幼儿的身体机能。除了器械操，还有徒手操，为了让幼儿锻炼得更有效果，徒手操的编排也要根据幼儿的兴趣和年龄特点来。记得有一个学期编排了武术操，正好当时省教育厅谢旌处长在都匀检查工作，专门看了孩子们的课间操，还表扬了孩子们。

为了锻炼幼儿的表达能力，幼儿园设置了小喇叭广播站，学期初就安排好每一天的播音班级，每天早上幼儿参与晨间活动时，都会听到稚嫩的童声从广播里传出来。全园的班级都积极参与，每一天都会有不同的广播内容，比如故事、儿歌等，有时候还会有家长参与其中。大家都特别想让自己的声音被听到，每到该自己播报的日子，都来得特别早，特别用心地准备自己的内容。这个活动得到了其他姊妹园和幼儿家长的高度认可。这样的活动形式也一直持续到我离开都匀铁路幼儿园。

铁路分局教育分处对于幼儿教师的专业能力提升是非常重视的。除了每隔两年就要进行的幼儿教师 7 项技能大赛外，铁路分局教育分处每年还要考查幼儿教师的专业技能。为了服务于更多的家庭，为了让更多的幼儿进入铁路学校接受良好的教育，每年所有的转岗教师都有机会学习提升，还要进行相应的专业素养考试。作为园长，我经常陪着教师到铁路分局参加考试，或是在考场外不经意地出现，给他们加油鼓励。虽然已经过去了很多年，但回忆起这件事，大家仍然很激动，对我的陪考记忆犹新，难以忘怀。

在都匀铁路幼儿园的这四年，有太多值得回忆的情节。

那时候没有淘宝购物，没有快递送货，在都匀虽然也能买到物资，但为了节约资金，一旦有采购需求，我都要带着几个后勤人员坐火车到贵阳的市西路购物。来贵阳时还好，因为我们是铁路职工，可以蹭座位，但买好东西后，我们扛着大包小包赶到火车站，上车后不可能有位子，只能挤在火车的接头处，靠着货物坐，生怕货物被偷。我们把物资带回幼儿园，分发物资时总是很骄傲，因为有些东西可能在都匀还没有上市，有些东西在都匀比较贵。大家对这样的购物体验都记忆犹新，还记得一次和同事聊起来，都纷纷回忆那些有趣又有意义的挤火车的日子。

20 世纪 90 年代办公时以纸笔记录为主。记得是 1997 年左右，我到贵阳铁路分局教育分处开会，开完会后跟领导汇报幼儿园的工作，说说自己的工作情况，偶然发现办公室的一个角落堆着一些电脑显示屏，忙问领导这些电脑是否还可以使用，当得到肯定的回答时，马上请求划拨给我们幼儿园。因为铁路局对于物资的管理是非常严格的，所以，领导当即找到办公室负责人处理，还专门找到教育分处的小车班司机，帮我们把电脑运到了火车站。一想到幼儿园终于有了电脑，即使是被人淘汰的机器，大家也把它们当宝贝一样，吃力地运回去，请别人一台台装好。自此，我们开始在幼儿园里使用电脑，早早开启了信息办公时代。

还记得当时争取到了经费改造幼儿园操场，那时候最好的工艺就是铺设水磨石，看着师傅一遍遍地用机器打磨地面，我虽然不懂其中的原理，但还是顶着漫天灰尘每天守在操场上，就是为了监督师傅，保证工程质量。由于我不了解水磨石工艺，即使日日监督，师傅磨出来的地面还是没有完全找平，下雨天有好几处积水。这样的水磨石操场，哪怕不是很平整，幼儿园还是坚持使用了很多年。后来我看到幼儿园的很多照片，每每从中看到水磨石操场，一种自豪感就充溢在内心，那是我一心一意在现场关注的大工程呢！

还记得当时铁路分局教育分处经常有领导到都匀检查工作，作为一名园长，我在管理工作中是大方而又仔细的，只要有领导来，便会安排好接待人员，我则很少主动参与大家谈论的话题，像一个默默服务的人，以至于领导有一次还专门找我谈如何应对检查。我作为管理人员的经验就是在那时慢慢积累的。

再来说说班子建设。我初到都匀铁路幼儿园，就有人和我说了园里两名教师之间的故事。她俩是幼儿园的骨干教师，年龄都在 40 岁左右，正是干事创业的好时候，可是因为争强好胜，平时针尖对麦芒，谁也不让谁。其中一人是教研组长，另一人则经常找碴，闹出的事时常成为教师的谈资。作为一名外来管理者，如何做好这两人的工作，让她们将精力投入工作中，而不是争抢风头，对我来说难度极大。我征求了孙副园长的意见，以不变应万变，因此，第一年就在维持现状中很快过去了。即使有一些小插曲，我也能够私下处理。

第二年，她俩的矛盾集中爆发，除了在我面前对彼此有看法，还在很多场合表现出不团结的迹象。对此，我决定调整思路，大胆起用年轻人才，班子里的老教师也都非常赞同我的想法。于是，提拔年轻骨干教师成为保教主任的工作就此展开。还处于争抢中的两人知道幼儿园的工作安排后，虽然心有不甘，但也不好多说。当然，在平日的工作中，我也没有因噎废食，会让她俩发挥强项。她们后来的表现还是令大家刮目相看的，再也没有争抢职位的情况出现了。

再说说我比较喜欢的管理方式。只要我在幼儿园（我的家不在都匀，是带着儿子住在幼儿园的办公室的），我都会第一时间穿上工作服在大门口迎接幼儿。每天早上幼儿都愿意早早地来园，会跟我亲热地打招呼，还会跟我分享一些好玩的事情。当时幼儿园的 9 个班级近 400 名幼儿，98% 的幼儿我都能叫出名字，幼儿都认为我是个了不起的园长阿姨。我在大门口迎接幼儿，既能关注到幼儿的来园情况，又能了解教师的来园情况，还能获知家长对幼儿园的评价、是否支持班级工作，便于我对每天的工作做最好的安排。

其中一件事让我记忆犹新。记得有一天我被安排去南宫山地区（当时的遵义铁路局所在地）出差，早上还是习惯性地去班级里巡视。我走到楼道时，看到一位家长扇一个小男孩巴掌，还骂骂咧咧，我一个箭步冲过去制止家长并了解情况。原来是他的女儿昨天在和这个男孩玩耍时发生了磕碰，女孩鼻梁上的伤痕让他很不满，他就在今天入园时找到男孩打了一巴掌。了解了此事的前因后果，我立即向教育分处请了假，取消了当天的出差，决心把这件事情解决好。当天，我严厉地批评了家长，幼儿在游戏中不可避免会有这些情况发生，男孩并无过错，女孩鼻梁上的伤痕纯属意外。幼儿家长完全不应该这样离谱，至少应该找到老师，说明情况，要求老师在活动中多加关注，也可以温和地和男孩聊聊，让他以后在游戏中多加小心。我毫不留情地请家长立即离开幼儿园，并且找到他所在单位的领导，说明了这件事情的经过，要求单位对他进行严厉的教育，并且要求单位领导带着这位家长找男孩及其家人道歉等。

该家长的单位领导非常重视，派出工会主席对他进行了教育，并责成他跟男孩及其家人道歉。后来，工会主席带着他到幼儿园进行了诚恳的道歉，这件事才算处理完毕。我初任园长，这是我在工作中遇到的第一件涉及家长的事情。在整个过程中，我情绪比较激动。圆满解决这件事情过后，我开始反思自己的态度和遇事的处理办法，对家长工作有了更多的思考，对后续的家园共育工作也有了很多不一样的安排，积极推动幼儿园家园工作的开展。

我园受铁路分局教育分处和都匀市教育局的双重管理，每年除了要参加铁路局的普教工作安排会和总结会外，还要参加都匀市教育局安排的各种业务管理会议。那时，铁路局每年都要评选普教工作质量先进校园，会将幼儿园平时的工作表现纳入考核指标中，比如安全、获奖、生源等，都匀市的考核也是一样。记忆中每年底我都要参与都匀市教育局组织的考核小组，走入市内的各园所，进行深入细致的年终考核，类似于现在幼儿园的保教质量视导。

还有很多的管理细节，都深藏在我的记忆中。在都匀的这四年，让我一个初涉管理的新兵，在磕磕绊绊的管理路上尝到了酸甜苦辣。当然，我最深的体会是保姆式的管理形态非常突出，时时事事处处都认为必须自己出面管理安排。

在都匀工作的四年中，我带领全园教职工连续三年获得贵阳铁路分局"提高保教质量先进"奖、一次获成都铁路局"提高保教质量先进"奖；本人多次荣获贵阳铁路分局先进教师、优秀教育干部、三八红旗手以及成都铁局优秀教师等称号，以及分局和路局论文评比一、二、三等奖，黔南州幼儿教师论文比赛一等奖，贵州省幼儿教师论文比赛三等奖。

这段经历让我认识到，幼儿的自主性和兴趣是学习的重要驱动力。非结构管理尊重幼儿的选择权和自主决策能力，通过提供多样化的学习材料和环境，激发幼儿的学习兴趣，幼儿可以按照自己的兴趣和好奇心来探索和学习，从而更加主动地完成学前教育。非结构管理强调通过实践和探索帮助幼儿构建知识，幼儿可以在自由游戏和互动中培养社交技能、解决问题的能力和创造力，他们通过实践和探索，积极地参与自己感兴趣的活动，从中获得乐趣和成长。在非结构管理中，教师不是简单地传授知识和指导活动，要观察和了解幼儿的兴趣和需要，为他们提供适当的学习资源和指导。教师可以与幼儿建立紧密关系，提供个性化的支持和鼓励，促进幼儿学习和发展。

总　结

本章是教育叙事的开篇，其间详述了我初涉管理那四年的林林总总，同时还有同事徐泽红的点滴回忆，读之令人感受到人性的温暖。名优园长当有其成长规律，希望本章能为读者开启管窥吾之学前教育管理之路的大门。

与你相遇在最美好的时光

暑假的一天，我的电话铃声急促地响起，电话那头传来龚燕姐姐的声音，她告诉我她已经成功申报了"贵州省龚燕名园长工作室"，需要招募工作室学员，第一时间就想到了我，邀请我加入工作室。姐姐的声音让我倍感亲切，我的思绪不由得回到了我俩曾经共同经历的岁月，过往的记忆不时浮现在我的脑海。回首我的幼教之路，我感觉是幸福的、快乐的、充实的、不断成长的。

日历翻回 1994 年 7 月，幼师毕业的我如愿以偿来到都匀铁路幼儿园工作。也就是从那个时候开始，我在懵懂中开始了自己的幼教生涯。时至今日，我依然记得最初在这个岗位上的我，是一个胆子特别小、站在群体面前说话会紧张、声音会颤抖的不起眼的小老师。于是，我决定开始认真学方法、练本领来改变现状，但面对残酷的现实，光靠我个人的力量是不够的，可我又是幸运的，因为进入了都匀铁路幼儿园这样一个友善的集体，且碰到了一位睿智和蔼的园长！

1996 年的教师节前夕，幼儿园迎来了一位年轻的副园长（一学期后升任园长），同事们纷纷谈论着新上任的园长：她是从凯里幼儿园调过来的，个子很高，很有气质，说话也很温柔……园长的形象在我心里一点一点清晰起来。我们的新园长以园为家，很爱幼儿园的孩子们，努力改善幼儿的学习、生活环境。她来到教职工中间，听取大家对幼儿园发展的想法，集大家的智慧重新规划了幼儿园的环境。她还利用外出学习的机会，带回其他先进园所的环创规划，努力将有限的空间最大化，为幼儿打造更加自由自在的游戏环境。就是这样，幼儿园在她一点一滴的构思中呈现出自然、童趣、灵性的特质。

她一刻也不松懈，紧锣密鼓地开始了幼儿园的环境改造，一件又一件磨人的难题都被她迎刃而解。改造好的幼儿园春有花、夏有荫、秋有果、冬有绿，我们身边的一墙一角、一草一木，重新焕发了活力和生机。教学楼后面的狭长荒地被翻新，划分成班级的种植园地，让幼儿在幼儿园也能体验农耕种植的乐趣。室内环境也焕然一新，墙面贴上了雪白的瓷砖，更换了彩色卡通玩具柜，增添了各式各样的桌面玩具。她还带着幼儿利用废旧材料自制玩具、运动器械，让幼儿在与材料互动的过程中得到发展。她将楼顶的闲置空间改建成幼儿自主游戏的"小社区"，创设了"邮局""医院""餐厅""娃娃家"等角色扮演区。在自由自在的游戏情境中，幼儿尽情体验社会中的不同职业。为了让幼儿有宽敞的户外活动场地，她组织人员重新硬化了幼儿园凹凸不平的操场，添置了户外大滑梯。我依稀记得滑梯安装好的第二天清晨，早到的幼儿涌进幼儿园直奔大滑梯，在滑梯上乐此不疲地爬上爬下，嬉闹声不绝于耳。

她将教学楼后面低矮的杂物间改建成了猪圈，购置了一头小猪仔，将幼儿园每天的泔水用来喂猪。在中午散步的时候，我带着班里的幼儿来到猪圈观察小猪吃食，幼儿喜欢得不得了，争先恐后地挤到门前，七嘴八舌地问这问那。"小猪真胖，吃东西时还发出哼哼的声音，它肯定在说真香、真香。""我们可以照顾小猪吗？""好臭，小猪不洗澡吗？"千奇百怪的问题勾起了幼儿的好奇心，为了满足幼儿的探索欲，我让幼儿亲力亲为照顾小猪，在与小猪的亲密接触中获取了关于饲养家畜的知识与经验。这只小猪仔陪伴着幼儿一天天长大。

幼儿园的围墙边有一个小池塘，里面有假山和小桥流水，小鱼们在这里悠然地畅游。龚园长来了以后，将池塘改建成了小猴的乐园，饲养了一只猕猴。猕猴为幼儿带来了无限的乐趣，我们班的幼儿还给小猴起了好听的名字。厨房师傅每天会为小猴准备好食物，每个班级轮流喂食。小猴上蹿下跳，模样搞怪，幼儿把看到的都画下来，装进了童年的记忆里。这些场景也烙印在了我的记忆中。如今再翻看幼儿园的老照片，我会感到无比自豪，幼儿园的硬件设施在当时的都匀幼教界也是数一数二的。

我的性格比较慢热，不善于言谈。龚园长刚到幼儿园时，我不敢与她有过多交流，只是默默做好自己的本职工作。但是，人与人的相处就是这么微妙，从陌生到熟悉，只要你愿意付出真情，就会收获真挚的友谊。在一次又一次的接触中，我俩也慢慢熟络起来。

1996年秋季，园长通知我参加贵阳铁路分局举办的幼儿教师七全能比赛，赛前需要准备弹、唱、跳、说、写、画、制作共7项技能。我有诸多担心，害怕能力不够，准备不充分，不自信，想逃避。那个时候，我习惯性地把苦恼埋藏在心里。园长看到我有畏难情绪，主动找我谈心缓解压力，积极为我联系专业老师进行辅导，还不断地为我加油鼓劲："小徐，好好练习，就当多一次锻炼的机会。"她虽然很忙，但经常来看我练习的情况，给我提出改进的建议。全能比赛中需要把自己写的文章打印出来，但我对电脑操作一窍不通，为了尽快掌握这门技术，我报名参加了电脑学习班，但是苦于没有电脑练习，特别着急。园长知道后，把我叫到办公室，关切地说："小徐，这是广播室的钥匙，你有空可以来幼儿园练习电脑。"记得在无数个夜晚，我在办公室电脑前哒哒地敲击着键盘，似乎忘记了白天上班的困乏。从学习开机到熟悉键盘，我一遍遍地练习，一遍遍地推敲，逐渐掌握了电脑操作。1996年11月初，做好准备的我踏上了开往六盘水的火车，来自不同地区的教师都汇聚在六盘水铁路幼儿园，参加由贵阳铁路分局举办的首届幼儿教师技能大赛。第一次参加这么大规模的比赛，每次出场看到台下黑压压一片的人群，我心里难免打鼓，害怕自己突然"断片"。但在看到台下的园长后，我仿佛有了底气。每一场比赛她都陪伴我们到最后，不管我们的成绩如何，她都会第一时间送上鼓励的微笑和大拇指。在竞争激烈的赛场上，我们用尽全力展示技能，希望发挥自己的最佳水平，最终我荣获七全能竞赛二等奖和讲述第一名的好成绩。这一次的参赛经历，给了我莫大的鼓舞，是园长帮助我重拾自信，让我坚信这样一句话：能力是任务逼出来的，是责任心培育出来的，更是敬业心练出来的。

贵阳铁路分局教育管理中心在各幼儿园推广听读游戏识字教学，我们幼儿园也不甘落后，积极响应。龚园长作为教学改革的领路人，带着我们为幼儿创设识字环境，充分利用空间、角落、走廊，创设了娃娃家、图书角、新闻角等活动区，形成了一个个充满童趣又便于幼儿开展活动的"小社会"，让幼儿在愉快的交往活动中，通过游戏渗透有汉字的活动情境，自然而然地习得汉字。同时，她认为识字不是目的，为幼儿创设丰富多彩的阅读环境、培养幼儿的阅读兴趣才是重点。她倡导开展一系列阅读活动，引导幼儿主动阅读，如开展图书分享和故事分享活动、自编自画故事书活动、每天亲子阅读十分钟活动等，巧妙地让幼儿爱上绘本，喜欢阅读。1998年6月，她指导我参加贵阳铁路分局幼儿园听读游戏识字课比赛。在试教的过程中，我由于缺少实践经验，每次精心准备的游戏都不受幼儿喜爱。她带领幼儿园教研组分析幼儿的发展水平和兴趣，结合幼儿在游戏中的表现，调整和设计了在玩球游戏中渗透识字教学的形式，使幼儿通过亲身感受、直接感知、实际操作来理解和掌握字词。为了落实好每一个活动环节，她与我一起斟酌使各个环节自然流畅衔接的方法，反复推敲每一个提问方式，使之准确简练，在与幼儿互动中灵活有效。在反反复复的锤炼过程中，她总能令我茅塞顿开，我渐渐地找到了感觉。比赛当天，她鼓励我放下包袱，以最佳状态参加比赛。由于准备工作充分，我在各参赛队中脱颖而出，取得了二等奖的好成绩。这件事使我领悟到要把每一次活动当成与幼儿游戏、探秘的机会，尊重幼儿，用心与幼儿一起收获快乐，共同成长。

我从原来的青涩懵懂到现在的游刃有余，这一步步的历程，是龚园长推动着我不断前进的。在铁路幼儿园，我创造了人生中的很多"第一次"：第一次当班主任、第一次参加比赛、第一次上公开课……记得第一次当保教主任时，我迷茫了，还不成熟的我感到责任重大，忐忑不安的情绪又一次包围着我，我不停地问自己："我真的能行吗?"不知道如何管好教学工作，不知道如何与教师更好地沟通，不知道如何开展教研活动，对于新的工作岗位我无所适从，做起工作来不像从前那么得心应手。当我再一次站在十字路口感到困惑时，园长要求我先做好未来的职业发展规划，她告诉我，每个人做事都必须有目标，有了目标才能有动力，才能继续向前进。

在园长的鼓舞和带动下，我参加了 1997 年的成人高考，顺利考进黔南州教育学院行管系，学习教育管理专业。记得那时的我每天都过得很充实，每周"5＋2"的生活方式让我仿佛回到了学生时代，我在周末和假期都会回到教室认真地聆听讲座，努力地完成家庭作业，忐忑地迎接每一次考试。经过两年的进修学习，我取得了大专学历，这是我迈向下一个目标的新起点。

我作为初出茅庐的保教主任，对于每次的教研活动都感到头疼，难在不了解教师的需求，难在找不准问题，难在不知道如何开展教研。园长带我先理清思路，向教师发放教研需求表，指导我根据实际问题设计好教研方案，提前做好功课，学习相关专业知识。让我吃惊的是，与第一次教研活动的冷清截然相反，接下来的教研活动气氛越来越活跃，每位教师都积极表达自己的看法，帮助大家解决平日里的实际问题，这更加坚定了我继续进行教研活动的决心。那种上进到现在回想起来都是一种感动，这段时光见证了我幼教生涯中成长的第一阶段，让我由稚嫩走向成熟。

为了利用我园的优质资源服务本地区，园长主动联系黔南州妇联，申请与坝固小学开展城乡结对帮扶工作。园长亲自带队到小学学前班进行实地调研，了解小学教师和学生的需求，并根据需求列出工作清单，再带领幼儿园教师为幼儿重新布置教室，制作新玩具，设计有趣的游戏活动……她从小爱到大爱，从个别到整体，为农村学前教育奉献力量和智慧。她说：一个人的优秀不算优秀，一个团队的优秀才算优秀，在帮助别人的同时也成就自己。

她对待工作严肃认真，并无微不至地关心教职工的生活。1998 年的春节即将到来时，园长带领后勤教师到每位职工家中进行新年慰问。我正在炉火边烤着火，听到敲门声，打开门一看，竟然是龚园长一行。我顿时又惊又喜，赶忙将他们迎进家里。大家围坐在火炉边拉家常，讲讲过年的趣事，在说说笑笑中拉近了彼此的距离。在紧张的工作之余，园长带着我们丰富业余生活，在春暖花开的季节到户外踏青，教师节去爬东山看日出，清晨在幼儿园跳广场舞。大家说：她是我们的好园长，也是我们的好知己，更像我们的大姐姐。

蓦然回首，庆幸在我最美好的年纪恰好与您相遇，磨砺了我的人生，让我懂得了坚守，您是我的引路人，更是我的良师益友，我愿在这方乐土继续编织美好的梦，与幼儿园共成长！

（本文作者：都匀市第四幼儿园副园长　徐泽红）

第二章 黔山灵秀 依稀成长

我实施低结构管理多年，看似无要求，其实心中有数，如此一来，才能让照本宣读的教师犯怵。前期，教师时常不知所措，甚至把淡化目标理解成了完全没有目标。针对这样的问题，我用低结构理念创建开放的课程管理，逐渐将"管"转化为"导"，从"细化的课程安排"转化为"弹性课程安排"，从"统一的行政监督指标"转化为"教师自我调控"。教师从中体悟到自己有足够的空间去追随幼儿，从而将玩的空间交还给幼儿。

第一节 关于低结构管理

低结构管理（园长式管理）是一种注重个体化关怀、情感导向的教育和激发幼儿的学习兴趣的管理模式。在学前教育理论和幼儿园教育管理理论的支持下，园长能够在幼儿园创造出一个以幼儿为中心、关注幼儿个体差异和发展需求的教育环境。

在儿童发展理论和社会文化理论的启示下，园长可以更好地理解幼儿的发展特点和需求，并为幼儿提供个性化的支持和关怀。同时，园长式管理的理论框架和组织文化理论的应用，为低结构管理的实践提供了指导和支持。园长的领导力也是低结构管理成功实施的关键要素。

在幼儿园的实践中，低结构管理能够促进幼儿全面发展，培养其自主学习能力、情感表达能力和社交能力。通过园长的努力和团队的合作，我们可以构建一个温暖、关怀的教育环境，为幼儿园的发展和幼儿的成长创造良好的条件。

一、儿童发展理论对低结构管理的启示

儿童发展理论是学前教育的重要理论基石之一，它提供了关于儿童成长

和发展的重要观点和指导原则，对于低结构管理在幼儿园中的实践具有重要的启示作用。以下几个方面是特别值得关注的：

首先，儿童发展理论强调幼儿是主体，具有积极的主动性和独特的个体差异。在低结构管理中，应该认识到每个幼儿都是独特的个体，具有不同的兴趣、需求和发展潜力。因此，在与幼儿互动的过程中，需要尊重和关注每个幼儿的个体差异，并根据他们的兴趣和需求，为他们提供个性化的支持和引导。

其次，儿童发展理论强调幼儿的整体发展。在低结构管理中，应该关注幼儿的身心发展、社会发展和情感发展，以及对他们的认知能力和语言能力的培养，通过提供多样化的学习机会和丰富的教育资源，帮助幼儿全面发展，并促进他们在不同领域的成长和进步。

最后，儿童发展理论强调社会环境对幼儿发展的重要影响。在低结构管理中，需要关注幼儿所处的教育环境、家庭背景和社会文化背景对其发展的影响，通过创造温暖、民主的教育环境，帮助幼儿建立积极的自我认同和良好的人际关系，培养他们的社会情感能力和文化意识。

二、社会文化理论在园长式管理中的应用

社会文化理论是一种重要的学前教育理论，强调文化和社会环境对幼儿学习和发展的影响。在园长式管理中，可以运用社会文化理论的观点来指导实践。以下是几个关键方面：

首先，社会文化理论强调社会互动对幼儿学习的重要性。在园长式管理中，要鼓励幼儿与教师和其他幼儿积极互动，为幼儿提供合作学习和社交活动的机会。通过与他人的互动，幼儿可以分享知识、建立友谊并发展语言和沟通技巧。

其次，社会文化理论强调语言和符号系统在幼儿学习中的作用。在园长式管理中，要重视语言的重要性，并创造丰富的语言环境。通过对话、讲故事和参与各种语言活动，幼儿的语言能力和思维能力会得到提升。

最后，社会文化理论强调文化背景对幼儿学习和发展的影响。在园长式管理中，要尊重和欣赏幼儿的多样性，关注他们的家庭文化和价值观，并将其纳入教育活动和课程设计中。在教育环境中融入多元文化，可以帮助幼儿建立积极的文化认同和包容性思维。

三、学前教育的核心原则与低结构管理的关系

学前教育的核心原则是为幼儿提供优质的教育和发展机会，促进其全面成长、获得终身学习的能力。在低结构管理中，学前教育的核心原则与实践有着密切的关系。以下是几个核心原则与低结构管理的关联点：

个体发展原则。学前教育强调，每个幼儿都是独特的个体，具有不同的兴趣、需求和能力。低结构管理注重对每个幼儿的个体化关怀和支持，根据他们的差异，为他们提供个性化的教育服务。理解和尊重幼儿的个体发展需求，可以更好地满足他们的学习需求，促进其全面发展。

社会性原则。学前教育强调社交和情感发展的重要性，注重培养幼儿的社会情感能力和人际交往能力。在低结构管理中，注重营造温暖、和谐的教育环境，提供丰富的社交机会，鼓励幼儿与他人合作和互动。通过社交活动和情感导向的教育，可以帮助幼儿建立良好的人际关系，培养他们的情感表达能力。

参与性原则。学前教育强调幼儿的主动参与和积极学习。低结构管理鼓励幼儿积极发挥自主性和主动性，为幼儿提供丰富多样的学习机会和资源，激发幼儿的学习兴趣和动力。为幼儿提供个性化的学习体验和启发性的教育活动，可以激发幼儿的学习潜能，培养他们的自主学习能力。

四、园长式管理的理论框架与原则

园长式管理是一种注重园长领导和管理的管理模式，强调园长在幼儿园教育中的关键作用。其理论框架和原则为低结构管理提供了重要的支持和指导。以下是园长式管理的一些关键原则：

积极领导和管理。园长作为领导者，应该具备积极的领导能力，能够激励和引导教师团队，推动幼儿园发展。在低结构管理中，园长的积极领导和管理能力对于创造支持性的教育环境和提供个性化的教育服务至关重要。

团队合作与协作。园长式管理强调团队合作和协作的重要性，倡导教师之间合作学习、互相支持。在低结构管理中，园长需要鼓励和促进教师之间的协作，为幼儿提供优质的教育服务。团队合作可以促进教师之间的专业发展和教育实践的创新。

有效沟通与互动。园长式管理注重园长与教师、家长、其他利益相关者之间的有效沟通和互动。在低结构管理中，园长需要与教师、家长建立良好

的沟通渠道，共同关注幼儿的发展和教育需求。有效沟通和互动可以增强教师和家长的参与意识，共同为幼儿的成长和发展贡献力量。

五、组织文化理论对低结构管理的影响

组织文化理论强调组织内部的价值观、信念和行为模式对组织运行和发展的影响。在低结构管理中，组织文化理论对于营造积极的教育环境和促进幼儿园发展起到重要的作用。以下是组织文化理论对低结构管理的影响：

共同的价值观和信念。在低结构管理中，园长和教师分享着一系列的价值观和信念，如尊重幼儿的个体差异、关注幼儿全面发展、重视社会互动和情感发展等。这些共同的价值观和信念可以增进教师团队的凝聚力和合作性，让团队成员共同追求幼儿园的发展目标。

积极的组织氛围。低结构管理注重营造积极、和谐的教育环境。组织文化理论强调组织内部的氛围和情感氛围对员工的工作态度和行为的影响。在低结构管理中，园长需要通过沟通、鼓励和赞赏等方式，营造积极的组织氛围，激发教师的工作动力和创造力。

六、园长领导力与低结构管理的关系

园长领导力是园长在幼儿园教育管理中发挥的关键作用。在低结构管理中，园长领导力与实践密切相关。以下是园长领导力与低结构管理的关系：

首先，园长领导力对于低结构管理的推动至关重要。园长作为领导者，需要具备良好的领导能力和管理能力，能够有效地推动低结构管理的实施。园长的领导风格和能力将直接影响幼儿园的教育环境和教育质量。

其次，园长领导力与教师发展、支持密切相关。园长通过提供专业发展机会、指导和支持教师的教育实践，促进他们成长和进步。园长领导力的有效发挥可以激发教师的工作动力和积极性，提升教师的专业素养和教育质量。

园长领导力与家长合作、社区关系建立密切相关。园长作为教育机构与家长、社区之间的桥梁，需要具备良好沟通和协调能力，与家长、社区建立良好合作关系。园长领导力的发挥可以促进家长的参与意识和合作精神，形成幼儿教育的共同体。

例如，在一所幼儿园中，园长采用低结构管理的方式来管理和领导幼儿园的教育活动。园长在教育规划方面起到决策者和指导者的核心作用。

园长与教师团队定期召开会议，了解教师的教育理念、专业发展需求和

第二章　黔山灵秀　依稀成长

困难。园长与教师共同制订教育目标和发展计划，并确保课程内容、教学方法与幼儿园的教育理念一致。

园长负责招聘和培训教师，确保幼儿园拥有具备专业素养和热爱教育的教育专业人员。园长定期开展教学观摩和评估，提供针对性的反馈和指导，帮助教师不断提升教学质量。

园长与家长保持密切的沟通和合作。园长组织家长会议、家访和亲子活动，与家长分享幼儿的学习和发展情况，并倾听家长对教育的期望和意见。园长与家长建立良好的合作关系，共同关注幼儿的成长。

在资源管理方面，园长负责管理和分配教育资源。园长确保幼儿园拥有适宜的教学设施、教材和玩具，为幼儿提供良好的学习环境。园长负责预算编制和资源采购，确保资源的有效利用和更新。

第二节　走上管理大道又四年

我经常对朋友及同事们聊起在都匀的工作经历，那四年是我非常珍视的，毕竟是我初任园长的四年。我经常调侃自己是在都匀上了一次大学——促使自己成长的、没有人颁发毕业证的大学。在这四年里，由于我的努力学习，努力与教职工一道提升幼儿园工作成效，我的幼儿园管理工作势头良好，在铁路分局教育分处以及都匀市都有着极好的口碑。

在我的人生经历中，2000年是非常重要的一年。在这一年里，我的工作发生了变化。贵阳铁路分局枣山路幼儿园园长一职空缺，根据成都铁路局的相关要求，必须通过笔试和面试竞争上岗。我得知这一消息，是在一次园长会议上。当领导宣布这样的工作安排时，我很激动，经历四年的奔波，似乎终于有机会通过自己的努力回到家中，儿子正好要上小学了，这可能是儿子到好的中心学校就读的最好时机？可是静下来后，我又开始打起了退堂鼓，毕竟这是一次重要的考试，很多人都会参加，万一其他人比自己更优秀，自己岂不是让人笑话？因此，我一直拖着不敢报名。

时任六盘水铁路幼儿园的凤英园长问起了我的打算，我说了我的想法后，她鼓励我争取这次机会，我都没有参加，怎么就知道自己不行呢？铁二小的秦校长也极力劝说我，希望我能够认真复习，争取这次回到贵阳的机会。朋友、同事也在不断劝我，希望我能够抓住机会展现自己，毕竟回到贵阳工作，又是局机关所在地的幼儿园，机会肯定会比其他园所更多，发展肯定会更好。思虑再三，在大家的一致劝说下，我终于在快要结束报名时给了自己一次机会。

在后来的理论考试中，考生有我的同学、同事、其他园所的人员等，我与熟悉的人同场竞技。很快，考试有了结果，教育分处张榜公布，我看到自己榜上有名，别提有多高兴了。紧接着是面试，面试要选拔幼儿园园长和小学副校长，分别有 3 人参加面试，面试后不久就张榜了。说实话，我当时是不敢去现场看的，还是其他人看到了榜单，给我打来电话，我才跑过去看了一眼，见自己仍是榜上有名，回到家激动的心情久久不能平静。

即使我是通过自己的努力工作以及考试成绩得到了到铁路分局枣山路幼儿园（当时铁路分局的机关幼儿园）工作的机会，时任铁路分局教育分处的纪委书记湄讷带着我去幼儿园宣布任命的路上，仍一再叮嘱我一定要低调，毕竟分局的机关幼儿园是大家都向往的工作环境，更要多思考工作方式，不断提高管理能力。分局的机关幼儿园中，有很多从铁路一线转岗的人员。在书记的话语中，我听出了工作难度，更感受到管理不易，但是，已经有了这样的工作机会，我一定不能懈怠，一定要在新的工作单位展现自己的管理能力，一定要让幼儿园各方面的工作不断得到完善。

来到贵阳接受任命的当天晚上，正好赶上贵阳地区所有学校一起举办教师节庆祝活动。在活动中，领导讲话、表彰、表演节目等环节都让大家沉浸在喜悦的氛围中，为自己是铁路局的教育人感到骄傲和自豪。也正是在这个活动中，领导宣布了我作为枣山路幼儿园园长的消息，还让我发言。我大方地向大家介绍了自己，同时对大家表达了教师节的祝福。在后来的工作中，这个场景时时出现在我的脑海，提醒我不能在工作中有任何的懈怠。

枣山路铁路幼儿园地处黔灵山脚，始建于 1958 年，原来是一座木制的苏式建筑，1997 年在原址重建，1999 年 3 月投入使用新的园舍。幼儿园占地面积 3000 多平方米，有 5 层教学楼，建筑面积 4000 多平方米。全园有配套活动室 17 套，能容纳近 600 名幼儿。幼儿园当时有正式教职工 47 人，其中 40 岁以上的 29 人，30—40 岁的 6 人，30 岁以下的 12 人，整体年龄偏大。保育员中有 4 人是正式职工，其他 11 人都是临聘人员，平均年龄达到 43 岁。幼儿园设支部书记 1 人，园长 1 人，副园长 1 人，保教组长 1 人，保健医生 1 人，会计和出纳各 1 人。

初来乍到，幼儿园的一切对我来说都是崭新的样子，但我仍有条不紊地开展着管理工作。全园共开设了 14 个班级，4 个托班，有幼儿 650 多人。由于教师数量不足，我还从当时的铁路客站幼儿园借调了 2 名教师，又聘请了教职工。幼儿园规模比都匀铁路幼儿园大了很多，教职工的组成情况也更为复杂，正式工与临时工都有，平均年龄较大。面对这样的状况，我深入班级了解每个教职工的情况，发现他们在工作时都很积极认真，对于工作安排大多能欣然接受。这样的状况对于我的管理工作还是非常有利的，我有了初步的信心。

幼儿园属重建开园，还有很多需要添置、调整的设施设备，比如户外的大型玩具、楼顶雨棚、前院场地的改造、餐梯的使用检查、厨房的调整等。铁路分局教育分处对幼儿园的各项设施设备特别关注，经常会派出专人来园跟进。为了让幼儿有个更加舒适的环境，为了不使铁路局职工有后顾之忧，教育分处对于幼儿园的各类需求很重视，因此整个管理工作的开展得益于上级的全力支持。

重新改建后，5 层教学楼拔地而起，一楼至三楼各有 4 个班级，四楼有 3 个班级，五楼有 2 个班级。一至四楼每层都有 2 个办公室，四楼设会议室，五楼设多媒体教室。幼儿园有前院和后院 2 个户外活动场地，改建时对前院的地面做了设计，在铺设的石材间留下约 3 厘米的缝隙撒草种，当时的理念是带给幼儿自然感；后院则是水泥地。班级里的幼儿活动室、睡房宽敞舒适，设置了独立的盥洗间，男女分厕，虽然厕所的蹲位还是沟槽式，但对 2000 年的贵州来说，这样的园所设施已算是走在前列了。

在改建工作中，厨房改造是重点项目。因为铁路幼儿园的办园宗旨之一是为职工服务，所以厨房设有澡堂、厕所等。因此，厨房真正的用途受到了影响，优化布局和调整管道困难重重。在许多个假期里，我们都在为厨房的扩容、有序设置功能间而努力。班级的改造也很困难。面对班级少而学生多的现状，为了保教工作的正常展开，也为了让幼儿有个舒适的环境，我们将四楼的会议室进行了分隔，使其变成两个空间，这样的设置让幼儿园的班级增加到 22 个，容纳下 1200 多个幼儿，创下贵阳铁路分局枣山路幼儿园幼儿人数的历史最高纪录。

幼儿园从未打招生广告，因为幼儿园隶属于铁路分局，首先要解决的是铁路局子弟入园的问题。但是，在幼儿中，铁路局子弟的数量是非常少的，因为铁路职工的居住地分散，有入园需求的铁路局子弟每学期也就 220 人左右，其他的都是幼儿园附近甚至是更远的区域的孩子。幼儿园除了设置 4 个托班（后期增加到6个），还设置了1个寄托班，为有需求的家长解除后顾之忧。其实不管是托班还是寄托班，这背后都是附近或者远道而来的信任、欣赏幼儿园工作的家长，他们对幼儿园的托班工作赞不绝口、信任有加。可以说，幼儿园的各项工作是得到了家长的充分肯定的，他们口口相传，入园需求与日俱增，以至于当时幼儿园每个班级都是大班额，远远超出了相关规定。得到家长的认同、社会的肯定是好事，也在一定程度上增加了教师的压力。但是，在管理团队的一致努力下，教师不仅缓解了压力，工作也越做越好，在家长群体中有口皆碑。每学期我们都要做大量的让家长另择园所的劝说工作，虽然累，但洋溢在贵铁分局枣幼人脸上的是自信而又灿烂的笑容。

每年的六一儿童节和教师节，各铁路单位的关爱纷至沓来，幼儿园不仅会收到捐款，还会收到书籍、电视机等物品。每一次幼儿园组织教职工外出活动，从来不缺车用，这些福利让我们充分感受到铁路系统的美好。还有就是铁路局非常重视职工的业余生活，每个地区都设置了俱乐部，有标准的舞台、活动室等，而幼儿园如果需要开展文艺会演或者大型会议，只要申请就可以使用这些设备，这极大地减轻了幼儿园的场所负担。我们用收到的捐款为幼儿园添置设备、修理硬件，经相关部门的帮助，用上了优质材料和专业团队。20多年过去了，这些设备还在发挥着应有的作用。以前每每在幼儿园里驻足凝视，我都会在脑子里回想这些设施设备的申请、通过、安装等过程，真实而又清晰，同时为自己坚持关注幼儿的安全与健康、关注幼儿园的有效发展而付出的努力暗自欣喜。

自1993年贵州省教育委员会启动评估，我园就成了第一批省级一类幼儿园，在为幼儿园带来荣誉的同时，也让幼儿园不断接受复评工作。幼儿园在这些复评工作中不断改进，也会到其他幼儿园观摩学习。除此之外，我园还要接受铁路局的保教质量评估、"三优"文明验收、安全大检查等，除了参与铁路分局的评比，更要参与成都铁路局的评比。我园是贵阳铁路分局每一次都在列的"保教质量评估先进园"，也多次获得成都铁路局"保教质量先进幼儿园"荣誉称号，继2000年获得贵阳铁路分局文明单位称号后，2003年又被评为贵阳铁路分局文明单位。本人也多次荣获贵阳铁路分局教育管理中心和成都铁路局教育管理中心优秀教师和优秀教育干部称号；撰写的论文曾多次荣获幼教组一、二、三等奖；荣获贵阳铁路分局先进工作者、先进女职工代表称号；是贵阳铁路分局教育职称评委会委员（中、高级），参加过贵阳铁路分局第八次党代会（以幼儿园唯一的党代表身份）、职代会、女工代表会等。

第三节　那些特别的记忆

一、每年进行班级组合的故事

为了提升大家的学习积极性，为了工作开展得更加顺畅，我们每学年都坚持进行班级组合，由管理层商定班主任人选，提交园务会讨论通过，在每学年的期末总结会上进行现场组合。班主任选定配班教师和保育员，但若对方不同意，则需要重新选择。每一次选定组合需要约半小时，最后由班主任向园领导报告组合情况，园长当场宣布组合结果。班主任总体来说是稳定的，但临聘教师不稳定，即使已有配班组合，有时候也会在学期中补充教师进班。但总体而言，班级组合的模式一直延续，教职员工更加用心地呵护好班级，更加努力地做好各项工作。同时，大家都会有紧张感，生怕下次选不中心仪的班级或岗位。这对于后期我园的分层管理埋下了伏笔。

二、幼儿与黔灵公园的亲密接触

幼儿园坐落在钟灵毓秀的黔灵山脚，黔灵山公园给予了幼儿园教师和幼儿充足的自然探究条件。不论是草长莺飞的春季、绿树成荫的夏季，还是层林尽染的秋季，我们都可以带着幼儿走进公园，和蓝天、绿树、草地等亲密接触。春天里，我们带着自制的风筝，来到公园里宽阔的草地上放飞，那咯咯的笑声和奔跑追逐的身影，吸引着公园里的游人，他们纷纷为幼儿的稚气领首微笑，童年就是这样美好多彩。夏天，大班的幼儿列着整齐的队伍走进公园，在草地上打滚儿，玩着踩影子等游戏，虽汗流浃背，却兴致盎然。秋天，幼儿将篮子、画笔、画纸等工具带到公园，在树下观察，发现五彩的树叶在秋风中飞舞，为捡拾到一片和同伴手里不一样的美丽叶子而欢呼雀跃。经过认真修剪、粘贴，当一幅幅美丽的叶子画呈现出来的时候，大家更是笑意满满，期待常来公园，和美好常常相见。

三、生态体验模式下的主题活动

在幼儿园的教育活动中，环境作为一种"隐形课程"，是幼儿园的一项重要教育资源，对开发幼儿智力、促进幼儿个性发展有着不可取代的作用。我园通过多年的实践认为，生态体验教育是培养幼儿良好个性的最佳模式，生态体验教育注重幼儿健康心理的营造及行为、情感、价值观的培养，并让幼儿以自己的情感和行为去关心他人、关爱自然，能培养幼儿尊重生命的意识，爱护、保护小动物，制止不文明、不道德的行为，最终使幼儿的个性得到发展，人格得以完善，成为真正的人。我园申报了环保课题，并开展了"让幼儿心中播下爱的种子""感恩五月　浓浓亲情""奥运精神伴宝宝健康成长"等主题活动。

总　结

本章呈现了我从都匀到贵阳前后的工作经历与管理实践方面的自我叙事，还有退休副书记罗炼琦的教育叙事，意在结构化的叙事框架下，以"自我的"叙事为主，为"人的本质""人的成长""人的成长规律"做注脚。

我眼中热爱工作的你

一晃退休十来年了，没有了刻意，弄丢了认真，有的只是慵懒和惬意，但我真切地记得我曾经的同事、战友、小我十多岁的园长龚燕的点点滴滴。

现在我常常听到或看到这样的场景，一些单位部门处理要紧事时，一个个忙得只欠飞起来，但毫无章法、效率低下，简直是乱成一锅粥。每当看到此景，我就会纳闷现在的年轻人怎么如此沉不住气。

此时此刻，我想到了龚燕，和她共事十年有太多的回忆。二十多年前她也是年轻人呀，当时我们的管理班子还没有健全，全园只有一个专职党支部书记、一个园长、一个副园长、一个保教主任，她有条不紊地管理着一个不算太大可也不算太小的团队，常常得到大家的赞誉。

面对幼儿园管理的大小事务，她总是能处之泰然。她家离园较近，走路只需约15分钟，细心的老师们会发现早上是她的灯最先亮起，晚上也是她的灯最晚熄掉。哪怕是需要清晨5点来园，她也会把自己打扮一番，精神头非常足地来到园中，老师和孩子们看到了她，也是精神倍棒、劲头倍足。不管大事小情或突击任务，龚园长都能处理到位，任凭风吹浪打，胜似闲庭信步。有了带头人的这份自信和淡定，幼儿园里的任何事情都做得井井有条，不急不躁，做出了不错的成绩，做到了行业的标杆。我们幼儿园一直是铁路分局的中心幼儿园，是大家心目中的优质幼儿园，孩子们和老师们都感到欣慰和幸福！

那个时候，我常常在想，如果换一个人，可能不会把工作做到如此吧？那是什么原因能让她这样上心、上进呢？答案只有一个——热爱！有了热爱就有了执着，有了热爱就有了付出，有了热爱就有了不知疲倦，最为重要的是有了热爱就有了追求，有了热爱就有了欣赏，有了热爱就有了孜孜不倦的学习动力！

多年过去了，园内的很多活动也随着时间的推移而被我逐渐淡忘，但仍有这么一次教研活动让我记忆犹新。

记得当时我任保教主任，组织中班进行教研活动，在进行完"三只蝴蝶"的教学案例分享后，老师们开始围绕"三只蝴蝶为什么会淋雨，原本它们该不该被雨淋"展开讨论。老师们你一言我一语地对活动课的主题"咱们是相亲相爱的一家人不分开"提出见解，有老师说相亲相爱没错，团结友善，哪怕是被雨淋也不分开，也有老师指出这不一定是最好的解决方案。龚园长在认真聆听老师们的发言后，给了老师们几个关注重点：你认为的相亲相爱是指什么？团结友善的价值应该怎么体现？在多元的世界中遇事是否可以保持积极乐观的态度？

有了龚园长的引导和鼓励，老师们畅所欲言，紧紧抓住教研根本，纷纷表示教育不是在真空地带，而是要与时俱进，用辩证的眼光挖掘和分析出教材的厚度、宽度和新意，即使是老教材也能开出新花，最大限度地让孩子们在活动中身心受益。

老师们在此次活动中深刻地领悟到教是研的促进，而研是教的灵魂。必须紧紧把握教研的主动脉，只有这样，才能使教育活动更贴近生活、更贴近孩子，让孩子们在一次次的活动中习得并成长！

龚园长希望老师们在此教研活动后写出书面提案，让教研活动不仅仅停留在"说"的层面，也不仅仅限于某一次活动，鼓励老师们勤于反思、重于思考。她无论何时都会把自己是一名幼儿教师的身份亮出来，用这个举动提醒大家：我们是专业的幼儿教师，应该随着社会的发展而不断进步，不断将新思维呈现出来，陪伴孩子们快乐成长。这样的教研活动仅仅是其中一次，还有很多的专业思考，作为园长，她一直在引领老师们不断前行。

而因为热爱，源于热爱，龚园长的敬业是有目共睹的。比如外出学习或出差归家，不论多晚，第二天一早，她必定神采奕奕地出现在园区里，迎接着每一位小朋友和老师。她总是精神头十足地面对每一天的工作与生活，每天都让大家沐浴着和煦的阳光。她一直都在身体力行地扮演领头羊的角色，让幼儿园的教职工和孩子们的每一天都阳光灿烂。

龚园长对自己要求严格，对同事关怀有加。她从来不请假的工作原则也深深影响着我，我常常在疑惑，难道她就没有需要处理的私事？难道她从来不会生病？事实如此，她真的从来没有在工作时间处理过任何一次自己的事情。她关怀所有的同事，是大家有目共睹的。记得有一次她和同事出差回来，同事的母亲生病，她不但让同事安心在家照顾好母亲，还利用中午休息时间到同事家看望，同事被深深感动的同时，同事的母亲也为孩子有这样的好领导而兴奋不已。无论何人，她都能做到一视同仁，给所有职工以来自心底的关爱。

龚园长的敬业还表现在认真做读书笔记上，笔记本记得满满当当，书上的页眉页边、中缝空白也记得满满当当，横勾竖写的都是体会心得。她不仅自己学习、阅读，还和大家交流、沟通，让大家大胆表达自己的看法，增加学习兴趣和动力，从而一步步建设学习型团队。可以说，没有点滴的积累，就不可能有后来幼儿园的良好发展。

龚园长那大而清澈的眼睛里每天都藏着微笑，看着孩子们是那样的如沐春风，望着老师们又笑脸吟吟。在充满着爱的团队里，孩子们收获的是一份自信，而老师们也感到无比的温暖。我时时在想，正是因为拥有这份热爱，龚园长才能百尺竿头更进一步，祝福龚园长越来越好！

（本文作者：贵阳铁路分局枣山路幼儿园〈现贵阳市第三实验幼儿园〉退休副书记　罗炼琦）

第三章 黔山灵秀 积势而发

高结构管理，也称为制度化管理，通过明确的规章制度、程序和层级来组织和管理教育活动，强调建立规章制度和流程，采用层级管理和监督评估机制，以建立秩序和纪律，确保园所的有序运营和教育质量的提高。高结构管理在幼儿园中可以提供明确的指导和约束，保证教学工作的顺利进行。

第一节 关于高结构管理

高结构管理作为一种制度化管理的理念和实践，为幼儿园教育管理提供了有力的支持。通过建立和执行一系列制度和规范，高结构管理能够提高教育过程的规范性和一致性，有效推进幼儿园教育工作的高效性和质量提升。

一、高结构管理的理论基础

（一）传统的教育管理理论

传统的教育管理理论强调纪律、规则和权威，注重管理者的指令和控制。这种管理模式在幼儿园教育中可能导致学生创造力的抑制和自主性的缺失。

（二）人本主义教育管理理论

人本主义教育管理理论强调以人为本，注重个体的需求和发展。在幼儿园教育中，这种理论可以发展幼儿的自主性、创造力。

（三）制度化管理理论

制度化管理理论强调建立明确的制度和规则，并确保其有效实施和执行。在幼儿园教育中，制度化管理可以提供一个有序的环境，促进教师和幼儿之间的互动，确保教育目标的实现。

二、高结构管理的理念和原则

（一）组织化管理

高结构管理强调建立清晰的组织架构和职责分工，使幼儿园的各项工作有序进行。园长在这一过程中扮演着重要的角色，需要制定明确的管理策略，并与教师团队密切合作，确保园所运作的高效性和协调性。

（二）规范化管理

高结构管理强调制定明确的规范和标准，以确保教育工作的质量和一致性。这些规范可以包括教学目标、课程设置、教学方法、评估标准等方面的要求，通过制度化的管理措施来推动幼儿园的教育工作的规范化发展。

（三）信息化管理

高结构管理强调运用信息技术手段来支持教育管理工作。通过建立信息化管理系统，实现对教育工作的监控和评估，及时获取和分析数据，从而更好地指导决策和改进教育实践。

三、高结构管理的演进历程

制度化管理的初期阶段：在幼儿园教育的早期，管理更多依赖于个别教师的经验和个人能力，缺乏明确的制度和规范。这种情况下，教师对教育过程的控制较强，但管理的一致性和规范性较弱。

制度化管理的逐步发展：随着学前教育的深入研究和实践，人们逐渐认识到高结构管理对幼儿园教育的重要性，开始建立起一系列的制度和规范，如教学计划、课程目标、教师评估体系等，以规范教育过程和提高教育质量。

制度化管理的完善阶段：随着对高结构管理的实践总结，幼儿园管理者不断完善和调整制度和规范，以适应不同的教育需求和发展方向。在此阶段，管理者注重制度执行和监督，通过规范的管理流程和评估机制，确保幼儿园教育的有效运行。

四、高结构管理的实践路径

（一）管理制度建设

高结构管理模式注重建立规范性的管理制度。幼儿园通过制定和完善管理规章制度，明确幼儿园的办园宗旨、管理方针、师德师风等，为教育管理提供明确的指导和依据。同时，建立与幼儿园特点相适应的制度，如安全管理制度、健康管理制度、教育评估制度等，确保教育管理工作的有序进行。

（二）组织结构和职责分工

高结构管理模式下，幼儿园建立明确的组织结构和职责分工。通过设立教研组、保教组、行政组等不同职能组织，明确各组织之间的工作关系和职责，提高管理效率和协作性。同时，明确各级管理者的职责和权责，建立科学的管理岗位设置和职业发展通道，激发管理者的积极性和创造性。

（三）管理体系建设

高结构管理模式强调建立完整的管理体系。幼儿园通过规章制度、工作流程、信息管理系统等手段，构建起科学、高效、可操作的管理体系。例如，制订教学计划管理流程、学生评估管理流程等，确保管理过程的规范性和可操作性。同时，借助信息技术手段，建立信息管理系统，提高管理效率和信息共享度。

（四）监督和评估机制

高结构管理模式下，幼儿园建立监督和评估机制，对管理过程和效果进行监控和评估。通过定期的教学督导、管理评估等方式，发现问题、纠正偏差，并及时调整管理策略和方法。此外，注重教师自我评估和团队评估，倡导教师间的相互学习和共同进步，促进幼儿园管理的持续改进。

五、高结构管理对幼儿园教育的影响

（一）教育质量的稳步提升

高结构管理的实施使得教育活动更加规范化和系统化，提高了教育质量的稳定性。规章制度和程序的明确性，使得教师的教学行为更加一致和可预期，帮助幼儿形成稳定的学习环境和规范的行为习惯。

（二）教师专业发展的支持

高结构管理为教师的专业发展提供了支持和指导。规章制度和管理程序的明确性，使教师在教育活动中有更清晰的指引和要求，帮助他们提升教学技能和教育素养。同时，管理信息化和数字化的手段，为教师的教学研究和资源获取提供了便利，促进了他们的专业成长。

（三）家园合作的加强

高结构管理强调家长的参与和合作，促进了家园之间的密切联系。通过规章制度和管理程序的介入，幼儿园能够与家长保持及时的沟通和互动，共同关注幼儿的发展和成长。同时，管理信息化的手段也为家长提供了更多了解幼儿园教育活动的途径，增强了家长对教育的信任和参与度。

第二节　管理改革那些年

随着社会的发展和政策的变化，铁路局的主辅分离势在必行，幼儿园由企业管理变为地方政府管理。

当时每个职工都不愿意离开铁路系统，因为不清楚地方管理模式。一切好像都成了未知的，让大家内心不安定。尽管顶着这些巨大的压力，幼儿园也在这段时间取得了令人瞩目的成就。

2004年7月，原贵阳铁路分局枣山路幼儿园更名为贵阳市第三实验幼儿园，本人带领全园职工努力工作，获得2006年贵阳市幼教先进集体荣誉称号。幼儿园于2005年度获得云岩区教育局目标考核三等奖、教职工合唱比赛二等奖、艺术节舞蹈展演一等奖。幼儿园参加全国妇联、第29届奥运会组委会、共青团中央、教育部等9部委共同举办的"喜迎奥运、放飞梦想"全国家庭亲子模拟奥运会活动，荣获"优秀方案设计奖"（中国儿童中心颁发），还获得贵州省教育厅、体育局、妇联、团省委颁发的优秀组织奖、优秀方案设计奖，贵州省妇女儿童活动中心和贵阳市教科所颁发的三等奖。本人获得2004年度云岩区三八红旗手，2004—2006年连续三年获得云岩区教育局先进党员称号，2007—2008年连续两年获得云岩区教育局先进党务工作者称号，获得2006年度贵阳市幼教先进个人称号。

第三节　新老教师结对带教工程

我从父辈的教学经验里获得灵感，起草了新老教师结对带教工程的实施细则，希望这项制度安排能为同行提供参考。

实验三幼"新老教师结对带教工程"实施细则

一、宗旨

为了大力提高我园的教育教学水平，继承和发扬我园的优良传统，尽快促进年轻教师成长，真正优化师资队伍的整体素质，特启动"新老教师结对带教工程"，以发挥名师骨干效应，开发教学潜能，使我园的优质师资队伍得到可持续发展。

二、对象（范围）

指导教师应是市、区、园优秀教师、骨干教师及有影响、有特色的资深教师。被带教师须是新进园的年轻教师、考核不达标的教师，或自愿申请帮教的其他教师。

三、带教程序

由幼儿园指定安排指导教师和被带教师。

自愿申请帮教的教师提出带教意向，经指导教师同意，经幼儿园审核后，公布新老教师结对互助组合。一轮带教原则上为期1—3年。

四、基本要求

第一年的带教要求：指导教师应在平时教学、教科研等方面经常性地给新教师做指导。新教师要积极主动、谦虚好学。

第一周：指导教师要对被带教师进行全天活动、教案拟订的指导；被带教师要跟随指导教师熟悉幼儿一日活动的各环节时间和安排，在指导教师的指导下写出符合规范要求的详细教案。

第二周：指导教师利用备课时间指导被带教师组织作业活动、特色活动及区域活动；被带教师全天在班，观察学习指导教师的日常教学，了解教学环境的设置和安排，并写出每日听课记录和心得交保教。

第三、四周：被带教师向指导教师进行跟班学习，并写出听课记录和心得交保教。

指导教师每周应重点帮助被带教师审议、修改教案一个以上，并在备课本上记录。

第二个月起，被带教师和指导教师互相听课，并做好听课、分析记录；指导教师每学期听课不得少于8节，被带教师每学期听课不得少于25节。

每学期被带教师组织一次（组内或全园）公开观摩课，指导教师认真评课。

指导教师要根据被带教师的实际教学水平决定"家长开放日"的执教情况。

指导教师每学期写出较详细的指导计划和完成情况记录。

每学期末，被带教师要写一份教学工作总结，指导教师根据实际情况给出真实有效的评议。

第二、三年的带教要求：以被带教师自学和主动学习为主。

被带教师每周自选班级听课一次，并做好听课分析记录交保教。

被带教师能独立地安排班级一日活动，制订活动计划。

被带教师每学期组织一次观摩课或半日活动观摩，并能对所组织的活动做自我评价，写出总结或论文。指导教师对其活动进行指导、评估。

被带教师能独立设计并组织一次本班的大型活动，拟订方案计划，并做好活动资料的整理和小结。

被带教师能独立召开家长会，做好家长的沟通工作。

五、奖惩措施

新教师经考核如不能达到合格要求，对教学、教育工作不负责任，不遵守幼儿园规章制度，应延长半年培训期。延长培训后，仍不能胜任教师工作的，将分配改任其他工作或离开幼儿园。

第一年指导教师带教补助费每学期400元，经考核后按学期分等级发放。

指导教师每学期须向幼儿园教科研处汇报带教情况（书面）。

凡参加"新老教师结对带教工程"的教师经考核合格后将给予登记园本培训学分：5学分/学期。

由于主观因素未完成带教任务的师徒，如无正当理由，幼儿园将酌情扣发指导教师带教补助费和延长新教师考查培养期。

因非客观原因造成带教工作不正常，幼儿园有责任提醒整改。如无显著改进，可宣布取消带教关系，并追回带教经费。

指导教师带青年教师工作，指导业绩记入业务档案，作为评优晋级的材料。

六、实施意见

根据带教要求，保教主任、年级组长应加强日常的检查监督和考核工作，随时抽查听课、备课情况，随时检查指导教师带教情况。

幼儿园统一发放"带教通知书"一式三份（幼儿园园办、保教及个人各存1份）。

七、考核细则

为使幼儿园新老教师结对带教工程的相关工作真正落到实处，提高新教师学习的积极性和指导教师带教的责任感，公平有效地对结对工作开展情况进行督促检查，制定考核细则如下：

（一）新被带教师工作考核

教师一年后参加幼儿园工作考核，总成绩在B等以下的重新列为被带教师。

1. 常规工作（50分）

（1）听指导教师课：每学期听满25节为A等，20—24节为B等，15—19节为C等。无体会记录者分数减半。

（2）教案：做到一课一案，应写详案。所写教案过程完整、知识点正确、安排科学合理、翔实整洁为A等，一般为B等，过程不够完整的为C等。无课后分析者扣去1/3的分数。

2. 业务成绩（50分）

参加幼儿园新教师汇报课评比，获一等奖为A等，获二等奖为B等，获三等奖为C等。

（二）指导教师工作考核

1. 常规工作（50分）

（1）听课：每学期听新教师课8节以上为A等，6—7节为B等，4—5节为C等。无评课记录者分数减半。

（2）日常指导工作认真负责为A等，一般为B等，很少为C等。

2. 指导绩效（50 分）

根据被指导教师的业务考试成绩水平给出 A、B、C 等。

第四节　教师分层管理

我起草了《实验三幼教师分层管理办法》对教师进行分层管理，希望这项制度安排能为同行提供参考。

实验三幼教师分层管理办法

我园现有带班教师 34 名，从年龄来看，30 岁以上（最大的 52 岁）的有 19 人，25—29 岁的有 7 人，20—24 岁的有 8 人，平均年龄 34 岁；从教龄来看，10 年以上（最高的 29 年）的有 17 人，5—9 年的有 10 人，1—4 年的有 7 人；从职称来看，幼教高级有 10 人，幼教一级有 8 人，幼教二级有 4 人，12 人未评职称；从学历来看，本科 18 人，大专 10 人，中专 6 人。整体说来，我园教师年龄层次差距较大，两极分化较严重，虽然学历层次较高，但工作经验相对不足。这也是我们需要加强管理、培养和磨砺教师的原因。如何带好这支队伍？怎样才能最大限度地调动教师工作的积极性和创造性，让教师获得个性化的发展？这是我们一直在思考和探索的问题。

鉴于我园教师队伍的实际状况，我们认为对教师的管理不能采取"一刀切"的做法，对教师的评价也不能一把尺子量到底，这样做既不科学，也不公平，同时不利于教师的专业成长。于是，我们把教师划分为"适应期""成长期""成熟期"三个阶段，对教师进行分层管理，成立了由园长任组长的教师分层管理考核小组，拟订了教师分层管理的标准和要求，让教师"跳一跳"能够"摸得到"，既有一定的高度，又是教师通过努力可以达到的。打破传统的按年龄、教龄的分层方式，让教师结合实际（教龄、业务能力、学历、职称等）进行综合自评，衡量自己属于哪个层次，然后考核小组、园领导根据标准、要求及教师的实际能力和具体情况，客观公正地对每一位教师进行评价，最后得出评定结果，并进行公示。

一、适应期教师的评判标准和教学要求（教龄 0—5 年）

适应期是教师初步形成教学能力的时期。教龄 5 年以内（含 5 年）的教师，在心理上和工作上都处于不断适应的阶段。因此，我们把适应期教师的标准定为：能借鉴他人先进的教育教学经验，熟悉教学与教育内容，了解并掌握幼儿一日生活的各个环节及要求，具有保教并重的意识，能把学到的知识与实践相结合，使自己尽快适应、熟悉所承担的工作。

适应期教师的教学要求：

1. 每月 2 篇教育笔记、2 篇观察笔记，内容侧重于活动概述，展示丰富的过程资料。

2. 跨周备课，一日各环节均为详案，各环节目标清晰明确，过程详细，突出细节。新教师每周 2 个课后分析，其余的适应期教师对组织的每一个教学活动都要进行课后分析。

3. 每月至少听同年级组教师教学活动 2 次，并做详细听课记录。

4. 每月至少邀请成熟期的经验型教师和创新型教师观摩自己的活动 1 次，即自荐课。

5. 每学年至少撰写 1 篇教育教学论文并参加相关评比。

6. 新教师阶段以后的教师，如果认为自己已达到成长期教师的标准和要求，可以主动申报为成长期教师。

二、成长期教师的评判标准和教学要求（教龄 3—5 年）

成长期教师对幼儿园的日常工作基本熟悉并开始得心应手，对一些常规的工作方式会感到不满足，开始尝试按照自己的想法调整、改变工作思路，在教育教学方面的优势和不足也逐渐呈现。因此，我们把这一层次的标准确定为：能完成自己的本职工作，不断反思自己的教育教学实践，积极改进教育方法，初步形成自己的教学风格，具有参与科研的能力。

成长期教师的教学要求：

1. 每月 1 篇教育笔记、1 篇观察笔记，内容侧重于对某一问题的细致分析，要求突出亮点。

2. 跨周备课，除教学活动以外的一日各环节可稍简略，重点强调对教学活动目标和重难点的拟订，以及在教学过程中的有效提问。

3. 强调每周 2 次详细的课后分析，能找准问题所在，提出解决方法，并有跟踪检验和实践的教案。

4. 在每个主题活动中至少体现 1 次生成活动。

5. 每月 1 篇详细的教学反思。

6. 每 2 个月至少听创新型教师教学活动 1 次，邀请成熟期教师听自荐课

1 次，并做详细听课记录。

7. 每学期在年级组内或幼儿园内参与 1 次研讨课的教学观摩。

8. 积极参加课题研究。

9. 每学年至少撰写 1 篇教育教学论文、随笔、反思等参赛，每 2 年至少有 1 篇获奖。

10. 每学期至少组织 1 次班级主题家长会。

三、成熟期教师的评判标准和教学要求（教龄 5 年以上）

这一阶段的教师已经拥有丰富的教学经验，能充分掌握幼儿园的各种教育教学情况，成为幼儿园"传、帮、带"的核心力量。根据我园的实际情况，我们将这部分教师划分为两个层次，即"经验型"教师和"创新性"教师。

（一）经验型教师

经验型教师的评判标准：

熟悉幼儿园各领域的教育教学情况，面对家长有较强的沟通能力和协调能力，能独立、较好地胜任班级管理工作，能承担幼儿园的"传、帮、带"工作。

经验型教师的教学要求：

1. 每月 1 篇教育笔记、1 篇观察笔记，内容侧重于对关键问题的细致分析，要求有方法的提炼，突出解决策略。

2. 超天备课，强调对教学活动目标和重难点的拟订，对教学过程中的关键提问，每周 1 次课后分析。

3. 每月至少体现 1 次生成活动。

4. 每月 1 篇详细的教学反思。

5. 积极参加各种教研活动，能起到模范带头作用。

6. 每学年至少撰写 1 篇教育教学论文、随笔、反思等参赛。

7. 每学年至少组织 1 次专题性的家长培训。

（二）创新型教师

创新型教师的评判标准：

创新型教师能够充分认识并肯定自己的能力及角色，已经有足够的见解去探索更高层次的问题，在专业发展上有更高的目标，需要更多的支持和更大的空间。因而，标准就更高一些，即：积极探索教育教学的新模式，不断总结与深化自己成功的教育经验，形成并创立自己的教育教学思想，使其在教育教学实践中推广应用，传播先进的教育经验，力求使自己成为专家型教师。在此基础上，拟订"骨干教师评选和管理办法"，骨干教师在创新期教师中产生，不断推动教师向更高目标迈进，拓展视野，提升能力，在不断追求更新更高目标的过程中迅速提高专业素质。

创新型教师的教学要求：

1. 每月1篇教育笔记、1篇观察笔记，内容侧重于对教学方法的提炼，融入更多的理性认识，形成一套较成熟的见解，并能提出问题，与教师互动交流。

2. 超天备课，将教学活动的目标和重难点拟订准确，教学过程可以简略拟订，但要突出表述教学思路和教学方法，以及预设的教学效果。

3. 每周1次较为详细的课后分析，和预设效果做比较，突出分析和策略。

4. 每学期指导适应期教师和成长期教师，听课不少于12节，并做好详细的听课记录。

5. 积极参加各种教研活动，能起到模范带头作用，随时准备好提供示范性观摩课。

6. 每学年至少组织园级教研活动、教师培训或家长培训等1次。

7. 必须承担园级以上的课题研究，并能起到辐射作用。

8. 每学年至少有1篇教育教学论文、随笔、反思等获奖，或发表登载。

9. 每学年至少组织1次有特色的年级组家长活动。

我们对教师的分层管理是动态的，教师处于哪一层次不是终身制，而是每年考核一次，根据考核结果可上可下。分层管理的目的是让我们进一步明确：共同发展不是平均发展，而是分类发展；不是限制发展，而是积极发展；不是划一发展，而是特色发展。实现教师的优势互补、整体提升，通过分层管理，激活教师内在的动力和热情，让教师成长于学习之中、发展于工作之中，焕发成长的活力，幸福地成长。

第五节 园之舞者 硕果天成

一、以人为本的管理思想对幼儿园管理的启示

柯维曾精辟地指出：一个组织 90％的问题都是体制上的一般问题，只有 10％是有关人的问题。许多管理者都误认为，若能修正体制和结构，人的问题自然就消失了。事实上，反其道而行才是正确的，即若能先纠正 10％的人的问题，其他问题也就迎刃而解了。为什么？因为人负责设计、运用体制和结构，要想改善体制，就先从人入手。人们的工作与生活都是一定意义上的人际交往，重视人际关系是提高管理水平的有效手段。系统论整体性观点表明，整体的功能不等于各部分功能之和，如果人们情感统一，合力向前就会发挥部分功能之和难以达到的效果。因此，幼儿园必须加强人际关系的建设，感情投入是建立领导与教师和谐人际关系的有效手段。

幼儿园教学不同于中小学，加之幼儿教师普遍年轻活泼，在园时间长，顶岗任务重，往往容易感情用事，园领导要细心体察教师的心理需要，努力使自己成为一名"心理医生"。如适时组织一些娱乐活动，过问和解决教师工作与生活中的困难。有时领导的一句简单的问候或一次诚挚的拜访，都会换得教职员工的真诚信赖，消除代沟和隔阂。

（一）建立以人为本管理思想的意义

"人文精神"亦称"人文主义"，由三种主要元素构成：第一是"人性"，即尊重人，尤其使其作为一种精神存在的价值；第二是"理性"，即人是有思想、有头脑的，能够思考真理、追求真理；第三是"超越性"，即人能够追问、追求生命的意义。可以说"人文精神"是人类在探索未知世界的过程中，不因前路迷茫而退却，勇往直前、积极进取，坚韧不拔、追求真理的精神概括和象征。

以人为本的管理思想是指任何管理都要以人为中心，把提高人的素质，处理人际关系，满足人的需要，调动人的积极性、主动性、创造性的工作放在首位。在西方管理理论的研究中，不同的管理理论几乎都是建立在对人的本性、动机等不同的认识和理论假设的基础上，只不过这种认识和理论假设

经历了一个不断深化和完善的过程，而每一次大的理论突破，几乎都是基于对人的认识的飞跃，各种管理理论的不同，也多是基于对人的认识不同，这说明了在整个管理中人具有非常重要的作用。

管理活动由管理主体、管理客体、管理目的、管理职能和方法、管理环境构成。管理主体是管理活动中具有决定性影响的要素，一切管理职能都要通过管理主体去发挥作用，作为管理主体的单个管理者或群体管理机构都只能由人来承担，而且这些人自身素质和能力的好坏直接决定着管理的效率和效果。

从管理客体看，作为管理客体的人、物质资源、科学技术、信息、时间、空间、观念等诸要素中，人是最活跃、唯一起主导作用的要素，没有人的使用和管理，再先进的物质要素也毫无用处，离开了人的实践和思维活动，就不会有科学技术。人的主动性、创造性可以在一定程度内突破时间及信息的限制，达到预期效果。

因此，只有把人的因素作为根本，才能依靠被管理的人去组织协调物质要素和其他管理要素。就管理目的而言，现代管理从以获得最大效益、最高效率为目的逐步向以人的全面发展为目的转变。尤其是我们社会主义国家以满足人的物质需要和精神需要，实现人的全面发展，人的才能的全面发挥，作为管理活动的终极目标，即管理的出发点和落脚点都是为了人。

另外，管理的职能和方法及管理环境等，同样必须由人制定、创造、控制或实施，这充分说明人在管理实践中的决定作用。我们所说的"人"不是抽象的人，而是受历史和社会制约的、具体的人。因此，以人为本绝非宣扬非理性主义和唯心主义的人本主义，而是具有社会属性的管理思想。以人为本的管理思想自20世纪二三十年代形成以来，对各国的管理实践起到了巨大的推动作用，尤其对资本主义国家中的许多大企业的管理产生了巨大的影响。

首先是管理方式的转变。参与式管理有效缓解了劳资之间的矛盾，像美国的国际商用机器公司，坚持从生产一线抽调干部制度，总裁办公室敞开大门，员工可入内商谈；美国摩托罗拉的"畅所欲言"信箱，每月的总经理座谈会，随时进行的总经理与职工的"告示对话"等，有效保持了管理者与被管理者之间良好的关系，对企业发展起到了很大的推动作用。我园在管理方式上就采取了园长信箱和园务QQ相结合的模式，教师可以将意见和建议递交到园长办公室，每周固定的时间由我园园委会成员打开信箱和邮箱，根据其中的内容召开相关部门碰头会，及时解决各种问题。坚持保教主任"听推门课"，事先不对听课教师打招呼，随时进入班级听课并对执教教师提出建议和要求；坚持园长晨检制度，每天园长与保健医生同时进行晨检，及时听取家长的意见和建议。

其次是重视人才管理与培训。在尊重人、关心人的同时，注重素质的提高，加强培训和人才开发，尤其对管理人员而言，不仅要求一定的文化素质和知识水平，还要有良好的心理素质，能理解人、关心人。我园是贵阳市一所拥有较多班级的大型一级一类幼儿园，大专、本科学历的教师占全园职工的80％，虽然教师个体素质较高，但随着社会的进步和知识的更新速度不断加快，教师也需要不断学习，我园积极为每一位教师提供外出学习的机会。2006年至今，我园先后派出400余人次外出参加由省市教科所、幼儿师范学校、全国课题培训等各级机构组织的参观、学习等活动，用这样的活动帮助教师接触最新的幼教资讯，增加教师接触新知识的机会，帮助教师实现专业化成长。我园培养出3名区级骨干教师、1名区级中心组成员，并促使他们带动全园教学共同进步。

在我园，领导班子成员除定期与教师交流以外，还注重及时帮助教师处理在日常工作、生活、学习中遇到的困难。例如，由于我园的外地青年教师较多，每逢中秋、端午、元旦等传统节日，为了缓解他们的思乡之情，工会成员、班子成员牵头的"爱心帮扶小组"都会安排一些娱乐项目。正因为如此，我园的青年教师思想稳定，工作中不断出佳绩，多次在园内外的好课评比、教学观摩活动中获得同行的赞许。同时，党支部也组织青年教师上党课、参加党组织的活动，使他们把党组织看成自己的知心朋友，愿意把心里话向组织诉说。我园的党员中有56％是35岁以下的青年教师，同时还有相当一部分青年教师递交入党申请。由此可以看出，我园的人文管理使幼儿园在专业成长和发展过程中卓有成效。

（二）建立以人为本管理思想体系的工作策略

要树立以人为本的管理思想，搞好管理工作，必须做到以下几点：

一是确立人民群众的主人翁地位。人民群众的主人翁地位是通过社会主义民主制度来体现和保障的，《中华人民共和国宪法》第二条规定：人民依照法律规定，通过各种途径和形式，管理国家事务，管理经济和文化事务，管理社会事务。

二是充分运用激励手段，调动人民群众的积极性。重要的是丰富现有的激励手段，实现激励体系多维化发展。社会主义激励的基本原则是：坚持思想政治工作与实际管理工作密切相结合，坚持物质激励和精神激励相结合，坚持按劳分配为主体的社会主义分配原则。对待整体要以目标激励、工作激励和规范激励为主，通过设置和实现目标，完成丰富有益而具有挑战性的工作，遵守共同的行为准则，来激发群体的积极性。对待个人首先要发挥政治思想工作的作用，人一旦被先进思想所武装，就能产生巨大的物质力量，就会为完成工作任务做出不懈的努力；其次是尊重感化，围绕情感开展工作，尊重人、关心人、爱护人，以情动人，激发人的满意感、信赖感、归属感，从而激励人的士气，而士气的提高就意味着更大的效益；再次是需要激励，需要是人积极行为的动力，假如管理者能提供满足需要的条件，就能激发人们追求满足的积极行为，这就是需要激励。要注意满足与贡献成正比，把职工追求欲望满足的动力引导到追求做出更大贡献上来。另外还可采用兴趣激励和自我激励等多种激励方式来挖掘人的内在潜能，使其发挥更大的主动性、积极性和创造性。

三是培育共同的价值观念。价值观念直接决定着管理主体的行为倾向，是与主体的需要、理想、道德志向密切联系在一起的，从这个意义上说，价值观是以人为本管理思想的内核。人是生产诸要素中最积极、最活跃、最具主观能动性的因素，实践以人为本的管理思想，最根本的就是高度重视人力资源的开发和利用。

就管理的目的论而言，管理是为了实现预定的目标而组织和合理使用多种资源的过程，是为在团体中工作的人们建立一个有效的环境，以利发挥最高工作效率而达到团体目标。幼儿园的管理目的就是园领导通过科学合理地管理人、财、物、时间与空间的活动来完成对幼儿实施体、智、德、美全面发展的教育，以达到幼儿身心和谐发展。随着幼儿教育改革的深化发展，实行科学化、规范化管理已成为每一位幼儿园领导者思考的现实问题。

（三）关于提高幼儿园以人为本管理思想问题的探究

在幼儿园的管理中，目标化的管理是最能体现激励机制和以人为本原则的。目标管理，更精确地说是目标岗位职责管理，既有物质的工作成绩或有形的目标，又有文化水平、技术级别等无形的目标，通过目标的合理设定，使人产生达到该目标的成就需要，因而对人具有强烈的激励作用。

在具体的管理中，我们首先进行了科学合理的岗位设置，积极探索教育管理的新思路、新方法，吸取一些先进经验，在已有经验的基础上进行理性的、全面的综合思考，结合幼儿园的实际，让教师竞争，并择优上岗。在这个基础上，全面制定和推行岗位责任制，明确细化岗位职责，层层分解，责任到人。使各项岗位职责和工作检查细则上下呼应，初步构成体系。在管理过程中，根据幼儿园的工作特点，制定考核量化制度，把考核的具体量化与定期不定期的检查和抽查相结合，进行动态量化管理，同时引进优质优酬的激励机制。

1. 互补原理与领导班子的优化

现代心理科学研究表明，人们的心理差异决定群体之间的心理具有较强的互补性。所谓"互补"，通俗讲就是优与劣、长与短、强与弱的相容和补偿。所以，优化幼儿园领导班子，使班子成员做到心理互补、优势并存，提高班子的群体战斗力，着实是一个领导者要考虑的至关重要的问题。

工作经验互补。幼儿园领导班子成员的管理水平和工作经验具有层次性和差异性。优化班子、发挥班子成员的最大潜力的唯一途径就是成员之间互相交流，经验互补，精诚合作。经验一要靠学习领悟，二要靠平时积累。尤其是主要领导和班子成员要谦虚谨慎，甘做学生。在学习和工作中多深入实际，共同研究，不断提高和丰富自己，发挥班子的集体智慧。

心理素质互补。健康的心理素质是每位领导者胜任管理工作的基本条件。班子成员的心理素质由于受主客观因素的影响，同样具有差异性。这就需要领导成员扬长避短，互帮互助，共同提高心理素质，成为积极向上、健康乐观的高素质群体。

年龄结构互补。班子成员年龄互补即老、中、青结合。实现年龄互补，关键是善于选拔使用那些年富力强、有朝气和有实力的青年同志，以老带新，使领导队伍有经验、有活力。

业务学识互补。这是幼儿园管理科学化的必然要求，所以领导成员需要互学互补，努力钻研业务，使自己逐渐成为业务熟、学识精的行家里手，由一般管理向专业管理发展过渡。

2. 任人唯贤与人财调控

人、财、物是管理中的三个因素，其中"人"又是核心因素，因此，如何管好人、用好人是幼儿园管理的首要任务。

任人唯贤，人尽其能。任何部门或组织，总是由不同层次的人才组成的。要想充分发挥各种人才的优势，关键在于领导要任人唯贤，使之尽其才。如：选择具有实践工作经验、年富力强又有开拓精神的年轻教师为保教主任，既符合幼儿园年轻教师多的特点，又保证了教学水平的迅速提高；选择工作稳健、做事讲原则、认真精细又勤俭的中年人做后勤主任；选择工作兢兢业业、不厌其烦又大公无私的人做库管员等。保证各职能部门的畅通无阻，杜绝工作中的隐患。

物尽其用，财尽其力。加强制度建设，实行目标管理责任制，使管理工作规范化、科学化；精心布置，避免浪费，注意因地制宜、艰苦奋斗；经常反馈，严格调控，使物力、财力避免截流、散失，提高管理效益。

3. 关于教育管理理论的应用

教育管理是一门兼容并蓄的学科。工业、商业以及其他行业的管理思想和管理经验经过一番改造后能应用到教育管理上。当然，没有一个教育管理理论是全面而完美的。不同性质的管理问题要求有不同的理论依据和解决办法，也不能直接搬用特定文化条件下产生的平面化分析，即用一理论文本解释不同地域的教育与管理现象。幼儿园就像其他组织一样，有时的确是复杂的和让人困惑的，充满了矛盾、含糊性和不确定性。幼儿园的管理关键在于管理者的教育和管理悟性，在管理技巧的背后，幼儿园管理者应有深厚的教育文化、管理思想背景。

4. 关于幼儿园在市场环境中的管理

强调家长有权为子女选择幼儿园以及新的教育收费方式，意味着幼儿园进入市场环境，其面对的环境压力增加；同时，随着办园形式的多样化，幼儿园管理受到了极大的冲击。我们必须思考，面对市场环境，幼儿园该怎样适应社会的发展与环境的变化？

市场环境中幼儿园的管理主要受生源的制约，管理者总要在生源问题上花大量的时间和精力，设法吸引足够的幼儿入园。只有这样，幼儿园才能稳定经营，保持人力、物力、财力资源。幼儿园在家长和社区中的威望大小对招生工作影响很大，招生是幼儿园获得资源的主渠道。所以，园长应把加强对外联系作为自己的一项主要职责。为了维持幼儿园的生存与发展，幼儿园管理者必须具有更强的理解力、灵活性。

幼儿园应与外部环境进行物质、信息、能量的交换，一方面与外部环境进行交流，对外部环境的要求做出反应；另一方面，从环境中寻求有利因素支持组织的目标。当幼儿园管理者遇到需要阐明和处理的新问题时，封闭的幼儿园系统管理模式已无能为力了，幼儿园必须被看作是开放的系统，这首先是为了适应变化着的外部条件；其次，从长远来说，是为了幼儿园组织的生存和发展。开放系统突出了幼儿园组织与环境之间的相互影响和相互依赖。

不断地反思与总结是幼儿园发展的必要前提。因此，幼儿园要持续发展，就必须从传统的、陈旧的思维中解放出来，冲破一切妨碍发展的思想观念，革除一切影响幼儿园发展的弊端，重新审视幼儿园发展的目标和思路，在审视中寻找幼儿园发展的突破口和着力点，拓展思路，开拓创新，以更高的标准、更宽的视野、更新的观念，营造更具竞争力的环境，开发更加广阔的发展空间。我园结合近年来幼儿园发展实况，依据上级领导与专家提出的建设性意见，对幼儿园诸方面工作进行分析与剖析，针对工作中存在的问题与不足，制定出切实可行的未来五年发展规划，以期通过五年的努力，把我园建成理念先进、教育优质，具有鲜明特色的现代化省内一流名园。这就需要我们从以下四个方面做起：

第一，加快教育现代化建设步伐，推广多媒体教育，继续建设现代教育技术所需的校园网络系统，建立电子办公系统和家园网上通，实现幼儿园管理科学化、系统化、程序化。

第二，建设一支骨干教师队伍，实施名师工程，培养在区级以上有知名度的、有自己独特教学风格的专家型教师；建设名牌教师的梯队，使骨干教师亮相于省、市、区内，且在省、市、区内有较高的示范性。

第三，以研究课题为载体，致力于生态体验和心理健康教育研究，更新教学理念、变革教学方法，实施尊重幼儿、尊重教师、尊重家长的教育模式，力争五年之内在幼儿心理健康教育领域和生态体验的研究领域达到区内领先水平，成为全区一流的特色幼儿园，提高我园知名度，并使我园具有更强的竞争力。

第四，加大宣传力度，拓宽教育渠道，争取上级部门扶持与政策倾斜，吸取社会教育力量，筹措幼儿园改革和发展所需经费，以期从新起点出发，取得新的发展。

5. 关于幼儿园管理的结构与层次

幼儿园都有一个与其目标、环境、参与者相适应的结构，并且都实施分层管理。幼儿园管理一般有三个层次，即高层（指挥决策层）、中层（执行管理层）、基层（具体工作层）。各层次各部门之间关系明确，职责权限分明。幼儿园管理系统中的三个层次之间应具有开放性，虽然幼儿园的结构通常被描绘成垂直的和等级的，那些具有明确等级的结构也可以促进授权和决策的参与，但幼儿园结构不必都是等级制的。在很多幼儿园，由于规模小，组织的结构往往是平坦的，可集体探讨教学和课程问题、共同制订计划和准备教学活动，教师在共同的活动和合作中互相学习、互相促进。幼儿园组织结构与层次开放性的一个很重要的原因，就是大多数幼儿园工作人员都是班级教师，他们大部分时间是与幼儿在一起度过的；组织结构与层次仅仅展示了幼儿园机构中正式关系的一面，是静态的，而在现实中，大多数幼儿园管理还受益于未能展示的非正式联系。

6. 关于教育管理的女性风格

一般而言，女性在教育机构中迈入高级管理层的人数很少，教育管理中的男性中心现象使现有的教育管理理论主要从男性视角来看问题，没有认可女性的价值。从女性管理者视角出发，能够用来挑战教育管理理论的研究成果相对较少。但在幼儿园，女教师占绝对的比例，女领导的比例自然是最高的。女性的管理风格与男性不同，更注重协作和合作等管理行为。一般认为，女性管理风格包括"关心""创造""直觉"等，男性管理风格以"竞争""高度规范化""管制与惩罚"等为特征。但是，就管理者个人而言，其可能融合了上述两个范式中的某些特点。

7. 关于幼儿园管理者的素质与权力来源

当一位园长在公开场合谈论和评价自己的幼儿园时，教师常常会表示不赞同。因为教师对组织现实的认识与园长往往不同，有些教师还会认为园长会有意误导听众。每一个人都是根据一定的价值观和看问题的独特的方式来看待事件和情境的，这就构成了人们认识事物的基本框架和观念模式。人们不可能看到一个完全客观的真实世界，因为每一个人都以不同的方式在解释周围的环境，并通过建立相应的有意义的模式来使自己适应不断变化的环境。所以，幼儿园管理行为和效果很大程度上取决于园长个人的素质，领导主要是园长个人素质和能力的产物而不是职务权力的必然结果。然而，职务权力仍是有效的，绝大多数有实力的幼儿园管理者既是幼儿园的主要行政领导，又是学术带头人，实践需要园长承担这种双重角色。作为管理的执行者，园长应以成功的管理来向上级主管部门负责；作为学科带头人，园长应是教师群体的领导。这种双重角色的作用可通过两方面来发挥，一方面，对作为专业人员的教师进行管理和指导；另一方面，领导整个幼儿园对组织外部的变化做出教师可接受的反应。在幼儿园管理过程中，幼儿园管理者要有较强的创造性和灵活性，如建立合作性的工作结构、吸收教师参与目标和方案的制定等。我们知道，管理的实质就是充分调动所属工作人员的积极性，形成合力，真正达到人司其职、人尽其力、人负其责、物尽其用，最大限度地发挥好人力、物力、财力的效用，提高效率、增加效益、完成组织目标，以收到 1 ＋1＞2 的效果。管理的一切方式和手段都应围绕这一点。在实际工作中，要培养一个积极向上的教师群体，使每个人在不同岗位上最大限度地发挥自己的聪明才智，除了靠建立、健全各项制度，实施严格的制度管理外，随着"以人为本"管理理念的提出和实践，如激励管理、情感管理，凭着那种积极的、不可取代的管理效应迅速在各种管理中被接受和采纳，这不仅是人们对管理效率的一种更全面追求，也是随着社会文明的发展，人们对自身价值的一种认识与尊重。

（四）关于提高幼儿园以人为本管理思想的激励机制

从以人为本的管理角度讲，教师光荣的使命和工作特点，决定了对教师这个特殊群体的管理不能简单地等同于对一般人的管理。在管理实践中，我们深刻地体会到实施激励管理，对于调动教师积极性具有不可替代的明显效果。激励是以人为中心的管理思想的主要职能，激励管理是管理的方法之一。其中，人是管理的主体，激励是管理的核心。假设两位教师的能力相同，而工作绩效不同，那么其原因是积极性存在着差别。激励管理要解决的问题是不断采取有效的激励措施，持续稳定地调动教师的积极性，并使得这种积极性指向正确的方向。

1. 了解激励过程是管理者科学实施激励管理的前提

人都有着自身的需要，这种有待满足的需要就是产生激励的起点，人的不满足引起紧张，产生动机，引起行为。在社会中，人的行为都是有目的的，达到了目的，需要得到满足，激励也就完成了。幼儿园管理者实施激励管理的关键是采取及时而适当的激励措施，用以激发教师产生积极的行为动机，以促使他们更好地完成行为目标（组织目标）。

2. 幼儿园实施激励管理的相关分析

一所优质幼儿园除必需的硬件条件外，保教质量是根本，而高水平的保教质量首先取决于教师。我们注重对教师的选拔和培养，力求整体提高教师素质；与此同时，如何使这种素质或素质的提高转化为工作质量的提高，进而落实到幼儿身上，则是管理所要解决的问题了。激励管理在具体实施过程中因园而异，因人而异。所以，立足园情、了解教师的需要是幼儿园实施激励管理的基础。

心理学表明，人的需要大致上分为以下三个层次：

基本需要：吃穿睡、住房、工作、安全需要等；

发展需要：友谊、交往、工作待遇、工作环境等；

成就需要：获得尊重、被认可、取得成绩、实现事业理想等。

幼儿教师作为社会人，当然不能摆脱上述范畴，但在幼儿园工作的过程中，随着其职业的日趋成熟，亦会形成与工作性质极具相关性的特殊需要。其一，教师职业特点决定多数幼儿教师有较强烈的求知欲，以满足自己的认知需要；其二，目前在我国，幼儿教师的工作和社会地位尚不为人们所充分理解和认识，导致幼儿教师在同行中更具有希望被认可、尊重、获得荣誉等成就需要；其三，由于幼儿教师在工作上的努力付出与经济收入间存在不平衡，他们有希望提高工作待遇、提高生活质量等的发展需要；其四，幼教工作的特殊性还体现在幼儿教师多为女性群体，她们必须在工作中付出更多的爱心与耐心，幼儿教师更需要亲人、领导、朋友的关心和爱的回报。管理者在实施管理时，只有认真地去分析、了解被管理群体需要的种种特点，才能收到较为满意的管理效果。同时，在此基础上还要注意因园而异，因人而异。

"以人为本"的管理机制，使幼儿园的广大教职工为了共同理想和目标而凝聚在一起，幼儿园各项工作所取得的良好佳绩印证了这一切。真情实感的投入必然得到最佳的回报，以情为桥梁、"以人为本"的管理工作必然结出丰硕的果实。

水是可以流动的，但如果没有地势的起伏，也只是一潭死水；旗帜是可以飘扬的，但如果没有风的吹拂，也只能悬垂不动。同样，教师是有着高度自主性、创造性和独立性的工作者，只有把"以人为本"的管理理念注入幼儿园的管理中，给教师提供适宜的外部环境，充分尊重、合理激励教师，教师才会有驰骋的空间、发挥的天地。

二、教师专业发展与职业幸福感的培养

现代社会，教育作为一种文化传播的基本模式，已经成为一种高度专业化的活动，因此，教师在文化知识的生产和传播方面的作用越来越大，这就对教师提出了更高的专业化要求。但是，幼教是一个相对于其他教育行业来说较为繁杂的工作，特殊的工作对象、工作任务以及社会地位决定了幼教职业标准具有一定的不确定性，也促使了幼儿教师对自身的专业发展意识和需求淡漠。

镜头一：重压之下的教师

在幼儿园常听见这样的抱怨："我们这些幼儿园教师大多数是大中专毕业

生，后来补课，顶多也就是个本科生，可是现实工作要求我们像个专家一样教育幼儿，搞课题、搞研究；像外交官一样与家长进行沟通；像医生一样会处理各种幼儿的突发症状；像艺术家一样能唱会跳、能画会说……压力实在太大了！"

镜头二：工作的琐碎和强度

"孩子的吃喝拉撒都要管，教育教学不能落下，家长工作要跟上，还要参加各种教研活动。一进大门，整个神经就开始紧绷，难得有一刻休息。干这行必须有一份天大的耐心，一天忙乎下来回到家里真是连话都不想说了！情绪也变得很低落，有时候都怀疑自己是否选错了行。"

镜头三：家长缺少理解

"家长总觉得幼儿教师有什么苦嘛，不就是哄哄小孩子？有的人还羡慕我们，认为我们整天和孩子们说说笑笑、唱唱跳跳，很是轻松愉快。唉！背后的苦恼辛酸只有我们自己知道。最不能忍受的是某些家长的不理解。孩子间只要有一点打闹抓伤、磕磕碰碰就不得了，一会儿投诉园长，一会儿投诉教育局，动不动就说要找媒体……"

镜头四：科研的高要求

"工作本来就辛苦，专家们还动动嘴皮就来个科研。幼儿教师越来越不好做，高强度还要高学历，每天我只能忙忙忙，但是有时候问自己，忙些啥？我却还真的说不出来。"

由于职业的特殊性，工作时间长、工作量大、工作强度高，幼儿教师的确够忙够紧张。如果一个人长期不能有效地缓解工作压力，妥善处理因工作中的挫折而产生的身心疲惫的感觉，就很容易产生职业倦怠。在倦怠的情绪下，教师的工作质量是难以得到保证的，更别说什么专业化发展和开展创造性工作了。幼儿园园长既要抓教师的专业成长，更要注重教师健康积极的心理环境。以下和大家分享我园在"发展教师专业化、克服教师职业倦怠"方面的点滴体会。

（一）团队展示——一项教师评价的创新实践

一堆珍珠在一起聊天，众珍珠争相发言："我晶莹通透。""我稀少名贵。""我圆润无比。"一时群情激昂。一粒小珍珠一激动，滚到地上，不见了……这时主人来了，拿了一根线把所有珍珠串在一起，它们这才成了一串漂亮的项链。

项链理论：将人才个体通过合理的管理凝集成一条人才链，就像将一颗颗珍珠串成珍珠项链一样，使得珍珠不光有收藏价值，更有实用价值，而且珍珠项链比单颗珍珠贵重。把珍珠串成项链的那根线，就是凝聚人的机制。机制好，珍珠不会散落；机制不好，珍珠就不能够体现出最大的价值。所以，管理者要先理好这根线，不然，珍珠再大再多也只是一盘散沙。

作为管理者，我既忧心于教师水平的参差不齐，希望能借助于标准化、统一化的考核内容去规范他们的专业技能，却又真实地看到"每一个教师的特点都是不一样的"这一事实。有的教师思维敏捷、能说会道；有的教师脚踏实地、不善表达；有的教师擅长区域材料的投放与指导；有的教师的单科教学有特色；有的教师的家长工作效果好……如果我们的考核还是停留在统一标准的话，那么不少教师会在不断地"拿自己的短处与别人的长处比较"的过程中逐渐心灰意冷，直至放弃，这绝不是我们考核的初衷。

于是，"怎样才能缓解考核的紧张气氛，让教师从盲目应付、紧张压迫的焦虑心理中解脱出来，彻底改变对待考核的抵触情绪"便成了我园思考评价的方向。教学评价是师资管理中的重要一环，有效的评价可以提升教师的职业道德水准和专业水平，能充分调动教师的工作积极性。自 2007 年起，我园大胆尝试了以团队展示代替以往学期考核的创新式评价方法，首先在课题组的阶段成果汇报采取了团队展示的方式。紧接着，好课观摩、班级环境展示、年级组特色活动展示等日常评比都换成了以团队为单位的展示。在看完中班组区域环境展示后，小 2 班教师说道："不仅环境美观，还十分实用。看了以后又仔细研究了自己的教室，决定借鉴他们设计操作性墙面的做法，把我班数学区和美工区之间的那个通透的玩具柜用一块板子封掉，形成一个数学区的操作性墙面，利用这块板子，设计一些游戏类材料，让孩子们在日常实践都可以自由操作。"

在以团队为单位开展的"一课多研"中，执教教师不再紧张、不再焦虑；观摩者也不再是一味地指责、评头论足。小组内开展的研讨课也变被动为主动，有经验的老教师积极地将自己的智慧无私奉献出来，年轻教师不再担心自己的教学效果影响学期考核，大家放松心情、放开手脚，收到了不一样的效果。

在一次次以团队展示为载体的活动过程中，我们惊喜地看到了那种防御性姿态、吹毛求疵的评价烟消云散了。作为被评价的团体，展示对他们来说不再是考核评价，而是业务能力的体现，他们从这些活动中获得了成就感，这种成就感已成为一种共识，而作为观摩者，当看到一个团体打造出的一片充满创意和教育意蕴的天地时，对个别教师的"冒尖"也没有了妒忌和焦虑心理，只剩下欣赏和虚心学习。因为他们知道展示成果不仅仅是个人的，还是整个团队的。参与展示的教师事先加强了研讨互助，团队的精神和氛围在无形中被烘托、增强了——"小班组搞得这么好，那我们大班组呢？中班组呢？"观看展示的教师形成"我们可以怎样做""我们年级组可以怎样做"的思考。这种思考可以在所有的成员中引发共鸣、依托和支持，能持久地成为教师创新和改进的动力。

（二）户外拓展——在快乐中收获、在体验中感悟

希龙二世请金匠打造了一顶纯金的王冠，他觉得王冠好像分量不足，怀疑金匠掺了假，但是又没有办法不破坏王冠而证实其真假。国王把这个任务交给了聪明的阿基米德。阿基米德苦思冥想了很久，也没有想出办法。一次在澡堂洗澡时，由于浴缸里的水太满，身体进去水就溢出来了，他突然想到了鉴定王冠的办法，大喊了一声"尤里卡（我发现了）"。如今一个世界性的发明博览会就以这句"尤里卡"命名。

阿基米德理论：人的创造与发明经常是随意之作。当人身心处在一个非常放松的状态时，思维会更活跃，往往会出现一个意外的想法，此刻的某种感悟常常会比平时得到的更加深刻和真实。

我园根据教师的年龄和需求，分别组织教师参加各类体验活动，有专职心理师组织的户外拓展，有团员教师的徒步探险、课题组的户外体验、保育教师的休闲聚会，以及各学期教师的各种外出学习观摩等活动。让教师在紧张之余融入自然、寓教于乐，陶冶情操，体验和改善不同的沟通方式。

如户外拓展活动中，在各项游戏后，经过心理师的专业点拨，教师对平时生活、工作中的一些烦心事、琐碎事有了不一样的感受和体验，心态得到了调整，心情得到了放松，同事间的相处更加轻松，工作起来也更加高效。

（三）快乐工作——让幼儿园管理充满生命活力

一把坚实的大锁挂在门上，一根铁棒费了九牛二虎之力，还是无法将大锁撬开。钥匙来了，它瘦小的身子钻进锁孔，只轻轻一转，大锁就啪的一声打开了。铁棒奇怪地问："为什么我费了那么大的力气也打不开，而你却轻而易举地就打开了呢？"钥匙说："因为我最了解它的心。"

钥匙理论：关注教师的不同需要，给予个性化的支持和管理，就如同用钥匙去开锁一般，能使许多看似复杂的问题迎刃而解。钥匙理论主张，如果管理真正做到对每个个体实施恰当的方法，那么就可指望组织中的每一个人都能最大限度地发挥潜能，使工作达到最佳绩效。

我园的"快乐工作"活动集思想性、学习性、娱乐性于一体，紧密围绕教师实际需要而开展。

1."真情大互动"活动

分期开设"生日温馨大放送""倾听互动沙龙""好书分享""才艺大比拼"等活动，目的是换位体验、移情共鸣、同担共享，建立良好的认同感。如在"倾听互动沙龙"中，可以自下而上或自上而下地邀请参与对象，通过随意的坐坐聊聊，使双方没有拘束感，并产生亲近感，说出知心话，让教师的压力得以宣泄和疏解，让教师之间有敞开心扉交流的机会，使职业中的压力问题转化为共同解决的话题，形成一种共鸣和互助的氛围。

2."才艺大比拼"活动

"才艺大比拼"也不是以往单一的技能比赛，而是一种个人技能展示，个人根据自己的特长或教育成效报名，开展"幼儿发型变变变""工作化妆小技巧""礼品包装秀""废旧材料制作""创意手工""资料收集心得"等丰富的活动，目的是张扬个性、展示特长、锻炼能力、提供相互学习交流的平台。

3.快乐大家庭

为了凝聚教工，营造和谐的工作氛围，每学期末，我园各部门都会将本学期的成绩和工作向大家汇报、展示，汇报工作形式各异，如"化装舞会""奥斯卡颁奖典礼""开心迎新年""快乐大抽奖""五好家庭秀"等，快乐的气氛拉近了彼此间的距离，让大家在笑声中感受到大家庭的温暖。

现实中任何一个组织的成功都需凭借整体的力量，同样，组织中个人的成长也离不开组织的支持。要使教师专业能力普遍获得有效发展，就必须在校园内外大力营造合作、分享的团队氛围，让教师在合作中相互支持，在分享中共同成长。

2011年，我带着大家出版了著作《园之舞者 硕果天成》，该书收纳了本阶段教师的教育成果，其中有风采篇、管理篇、活动篇、教学篇、家社篇，是全园教职工的第一本教育成果集，汇集了大家的专业研修资源，对于成长中的教师来说，是非常有益的一次尝试，对幼儿园的发展有着极强的促进作用。

总　　结

　　本章不仅是高结构管理的知识铺垫，也呈现了我在实验三幼带领全体同人创出名园的教育实践之路，尤其是在带教、分层管理、人财调控、教师专业发展、职业幸福感激发等方面，均提出了具有一定原创性的优化策略。

第四章　春风化雨　能量提升

幼儿园复结构管理，也称为文化性管理，强调建立积极的组织文化和价值观，以促进幼儿园的整体发展和个体成长。它注重培养园所的核心价值观和共同的行为准则，营造积极的学习氛围和合作文化；强调建立良好的人际关系和团队精神，通过鼓励互动、共享和反思，促进教师和幼儿之间的沟通和合作。这种管理方式注重园所的整体文化建设，通过塑造积极的学习环境和社会情境，促进幼儿全面发展。

第一节　关于复结构管理

复结构管理是一种强调组织文化和价值观的管理模式，塑造幼儿园的独特氛围和身份认同，旨在通过营造积极的组织文化和价值观，提高幼儿园教育管理的质量和效果，提升园所的整体效能和教育质量。

一、复结构管理概念

文化性理念强调幼儿园是一个具有独特文化的社会群体，其管理模式应当体现和传承幼儿园的核心价值观、教育理念和文化特征。复结构管理作为一种管理模式，旨在通过塑造积极、健康、和谐的组织文化，促进幼儿全面发展，落实个体差异的尊重。

二、复结构管理的理论依据

复结构管理模式以组织文化理论、人本主义教育理论和教育领导理论为基础，通过构建积极的组织文化、满足幼儿的心理需求、激励教师参与和发展，推动幼儿园教育管理的发展。

（一）组织文化理论

组织文化理论认为，组织的文化对组织成员的行为和心态产生重要影响。在幼儿园中，积极的组织文化能够激发教师和幼儿的积极性和创造力，推动幼儿园发展。积极的组织文化创造了一个充满活力和合作的工作环境，教师可以相互借鉴、共享经验，并通过积极的态度和合作精神为幼儿提供更好的教育服务。同时，通过明确的组织价值观和行为准则，组织文化可以增进教师和幼儿的共同目标意识，提升他们的团队凝聚力和归属感。

（二）人本主义教育理论

人本主义教育理论强调教育的人本价值和个体发展。在幼儿园的复结构管理模式中，重视营造良好的教育环境和人际关系，以满足幼儿的心理需求和情感需求。幼儿园应提供温馨、安全、富有亲情的学习环境，让每个幼儿感受到被尊重、被关爱的情感支持。教师在实践中注重与幼儿的情感沟通，关注他们的个体差异和发展需求，为幼儿提供个性化的教育服务。同时，教师应注重培养幼儿的自尊心、自信心和社交技能，帮助他们全面发展和实现自我价值。

（三）教育领导理论

教育领导理论强调领导者在塑造组织文化和价值观方面的重要作用。在复结构管理模式中，教育领导者扮演着关键角色，通过示范、激励和引导，促进教师和幼儿的参与和发展。教育领导者应成为组织文化和价值观的倡导者，树立积极的榜样，激励教师发挥潜能，促进幼儿积极参与和成长。他们应提供支持和资源，为教师提供持续专业发展的机会和平台，推动教师的专业成长和创新能力的提升。通过积极的教育领导，幼儿园能够建立起积极向上、和谐发展的文化氛围，从而提升教育质量和幼儿的综合发展水平。

三、复结构管理的基本原则

复结构管理模式在学前教育中注重文化导向、个性关怀、参与合作和民主共享的原则。通过营造丰富的文化氛围，关注每个幼儿的个体差异，倡导家园合作和幼儿参与管理，幼儿园能够创造一个充满关爱和支持的学习环境，促进幼儿的全面发展和主体意识的培养。这种管理模式需要园长和教师的共同努力，为幼儿提供良好的成长环境和体验，实现幼儿园教育的最大价值。

（一）文化导向

将文化作为教育管理的核心内容和价值取向，通过塑造文化氛围和提供文化体验，促进幼儿的文化发展。复结构管理模式强调，幼儿园是文化传承和创造的重要场所，应将文化作为管理的核心。园长和教师致力于树立园所的核心价值观和文化标识，为幼儿提供丰富多样的文化体验。例如，组织传统节日庆祝活动、举办文化艺术品展览、引导幼儿参与文化表演等，使幼儿在文化的熏陶中得到全面发展。

（二）个性关怀

重视每个幼儿的个体特点和差异性，以个性化的方式引导和管理，满足幼儿的成长需求。复结构管理模式强调对每个幼儿的个性化关注和支持。园长和教师深入了解幼儿的兴趣、需求和能力，根据幼儿的个体差异，灵活调整教学和管理策略。例如，提供多样化的学习资源和活动选择，鼓励幼儿自主探索和发展特长，为幼儿提供个性化的学习和发展机会。

（三）参与合作

倡导幼儿、家长和教师之间的积极互动和合作，形成共同育人的良好氛围。复结构管理模式强调幼儿、家长和教师之间的参与合作。园长和教师积极与家长沟通合作，共同关注幼儿的成长和发展。家长在参与园所决策和活动的过程中，提供宝贵的意见和支持，促进家园合作的深化。同时，幼儿之间也被鼓励在团队合作中学习和成长，培养合作精神和社交技能。

（四）民主共享

建立民主决策和资源共享的机制，鼓励幼儿参与管理和分享资源，增强他们的主体意识和责任意识。复结构管理模式强调建立民主决策和资源共享的机制，为幼儿提供参与管理和分享资源的机会。园长和教师倡导幼儿园内部的民主决策，鼓励幼儿表达自己的意见和建议，并参与园所的管理活动。此外，园长和教师也积极提供资源共享的机会，让幼儿感受到分享的快乐，增强他们的主体意识和责任意识。

四、幼儿园教育管理实践中的复结构管理模式

（一）核心价值观的建立

复结构管理模式注重建立明确的核心价值观。幼儿园通过明确幼儿园的核心理念和教育目标，制定相应的核心价值观，如关爱、尊重、合作、创新等。这些核心价值观成为幼儿园教育管理的基石，贯穿于各个管理环节和教育实践中。

（二）组织文化的构建

复结构管理模式下，幼儿园注重构建积极向上的组织文化。通过组织活动、庆祝节日、共同研讨等形式，加强教师和幼儿的沟通交流，增进彼此的了解和信任。同时，营造鼓励创新和分享的文化氛围，激发教师的工作热情和幼儿的学习兴趣。

（三）文化共享和参与

复结构管理模式鼓励教师和幼儿共同创造幼儿园的文化。教师与幼儿共同制定规章制度、课程计划，通过小组合作、班级活动等形式，增强团队凝聚力和参与意识。教师也应引导幼儿参与幼儿园的决策和管理过程，培养他们的主体意识和责任感。

（四）责任承担和示范引领

复结构管理模式强调每个教师和管理者对组织文化和价值观的传播和践行负有责任。教师应以身作则，成为价值观的示范者和引领者。管理者则应提供相应的支持和资源，营造良好的工作环境和学习氛围，激励教师积极参与和发展。

第二节　管理爆发这些年

幼儿园成为云岩区教育局首批开始集团化办园的试点单位，从 2013 年起开始进行集团化办园的管理尝试。

2010 年，国务院发布《关于当前发展学前教育的若干意见》；2012 年，

教育部颁布《3—6岁儿童学习与发展指南》，各地都在积极推进学前三年行动计划。如何贯彻落实国家各项学前教育的政策、让更多的幼儿享受高质量的教育是学前教育工作者面临的一个重要问题。《贵州省教育厅关于开展集团化办园试点工作的通知》表示，要扩大优质学前教育资源，推进城乡学前教育优质均衡发展，提高更多民办幼儿园的保教质量和办园水平，促进城区优质教育向农村辐射，大力发展农村学前教育，逐步实现教育公平。正是在这样的背景下，贵阳市云岩区第一幼教集团于2013年4月成立了。

在贵阳市云岩区教育局的积极关心下，云岩区第一幼教集团由贵阳市第三实验幼儿园、贵阳市E智星福儿幼儿园、贵阳市阳光宝贝幼儿园、贵阳市蔡家关博顿幼儿园组建而成。其中，贵阳市第三实验幼儿园属于公办幼儿园，其他三家是民办幼儿园。旨在通过优质公办园的引领与示范，让民办幼儿园规范办园，且提高办园质量和水平，达到公、民办共建共赢，整体提升云岩区学前教育质量的目的。

集团成立之初，在贵阳市云岩区教育局的带领下，各家园所进行了相互走访，充分了解了各园所的现状，并根据各园所情况拟订了最终目标即五年内创建出幼儿园集团化的管理模式，带动地区幼教的发展，吸引地区幼儿园加入集团幼儿园，扩大集团的园所。

集团园所还就集团化管理进行了优势分析：①资源共享、品牌共有、规则共同，降低幼儿园运作成本；②加快扩大学前教育优质资源；③取长补短，利于师资队伍的观念转变，优势竞争。

商定了幼儿园集团管理的定位：坚持以教育质量为核心，以保证教养品质为前提，以实现幼儿素质的全面提高为目标，以品牌创建与集团课程为亮点，以积极、主动、稳妥、发展的原则，进行集团内部师资的整合与优化、品牌内涵的保障与发展、管理制度与运行机制的建设与规范。

明确集团化管理的运作方式：以城区优质教育资源为依托，采取"城区＋农村、公办＋民办、精品＋特色"的方式，组建学前教育集团化管理，引领贵州学前教育。

集团机构：

幼儿园集团内部管理运行的基本结构：由决策系统、执行系统、监督系统构成，三者相互制约，相互作用。构建"一会三部"，即一个理事会制和教发部、统筹部、保障部。理事会：集团最高权力机构。教发部：负责专业设置、课程开发与改革、教育教学研究、学术交流、培训等。统筹部：负责品牌建设、集团文化建设、集团形象、业务拓展与开发。保障部：负责安全法务和财务资金。

运作资金筹措（以五年为一阶段）：

以自筹资金和政府扶持相结合的方式筹措集团前期资金。根据各民办园的实际情况，各家拿出本园的每年建设基金投入集团内部，政府部门根据实际情况计算投入相应资金，保证集团常务事项的运作。

贵阳 E 智星福儿幼儿园每年投入建设基金 10 万元；阳光宝贝幼儿园每年投入建设基金 2 万元；蔡家关博顿幼儿园每年投入建设基金 2 万元。

集团运作资金用处：

根据民办园的自身投入，集团理事会决策该园的基建维修、改扩建、师资培训等相关费用比例。

理事会决策用于集团品牌建设、网站维护、宣传拓展等。

一、阶段实施计划

第一阶段（2013 年）

定位集团名称：贵阳市第一幼教集团（暂定）；成立集团理事会；建立集团品牌文化标准：Logo、视觉识别系统、集团目标、宗旨等系列标准；建立集团内部系列管理制度；集团各园根据标准改扩建园舍，维护集团形象；各园根据相关制度完善、执行，提升保教质量；宣传集团品牌文化和办园效果；开发集团优质课程；集团内部师资培训；各园根据自己实情申报相应等级评估。

第二阶段（2014 年）

建立、实施集团内部核心课程；完善集团内部的人力资源系统；完善集团机构和相关制度；宣传推广集团文化；各园根据自己实情申报相应等级评估。

第三阶段（2014—2015 年）

推广集团成果：品牌文化的建设、管理模式、课程开发、师资培训等；扩大集团机构；壮大集团园所；获得良好的社会名誉和效益。

第四阶段（2016 年）

推广经验、引领区域学前教育。

二、集团化运作需要的支持与保障

（一）各园要进一步统一思想，充分认识集团化办园的意义

城乡教育集团化办园是加速扩展城区优质教育资源的有效途径，是提升我区学前教育优质均衡发展水平的重要措施。参与学前教育集团化办园的幼儿园本着自愿加入的原则，要充分认识此项工作的意义，明确教育发展方向，制定好集团化办学的实施方案，并做好各项准备工作。

（二）要有充足的人员保证

在实施集团化办园的五年规划期间，各园要充分保障主要部门人员的安排与设置，尽量避免理事会主要成员的调动和更换。

（三）各园和教育行政部门要保障集团运作基本资金的投入

基本资金专款专用，教育行政部门安排专户监管。集团要根据各园所投入的运作资金，按比例调整各园在办园设施设备、教师队伍建设方面的帮扶力度，提高其设施的现代化水平，特别是师资和信息化水平。

（四）教育行政部门的政策支持保障系统

集团化办园的管理新模式是一种挑战和创新，在建立集团文化和品牌的过程中，要开发集团自己独有的特色课程，要利用集团办园"资源共享、优质共有"的优势，快速提升各园的保教质量，形成优质教育，获得良好的社会名誉和社会效益，真正做到带动区域优质教育和品牌形象。

（五）集团各园要保障信息网络的使用

要让信息网络在密切师资、信息等方面发挥应有的作用，要使集团内部形成跨区域的内部网络系统，配备统一的网络视频系统和信息发布系统，促进资源共享，促进集团内部师生的交流与共同成长。

（六）建立城乡教育集团的办学质量监测

城乡教育集团要制定农村幼儿园分阶段发展的办学质量要求，将弱园的办园水平与集团标准进行对比，不断矫正农村幼儿园的教育教学方式，提高其整体教育教学水平，力求其在最短的时间内达到品牌幼儿园的标准。

三、集团中各园所承担的主要职责

贵阳市第三实验幼儿园：教研活动的组织和提供；集团内部的各类师资培训；专业人员的对口交流；集团文化形象的打造。

E智星福儿幼儿园：集团课程的开发和推广；集团文化形象的打造；专业人员的对口交流。

阳光宝贝幼儿园：专业人员的对口交流。

蔡家关博顿幼儿园：专业人员的对口交流。

一年来，在云岩区教育局的大力支持下，在集团理事会全体成员的积极工作下，集团确定名称为贵阳市云岩区第一幼教集团，简单却又内涵深刻的Logo形象也已设计成功，聘请了法律顾问，各园运作顺利，各项工作都有了极大的提高。

首先，各园所管理工作得到了加强，通过集团的方案学习，园所互访，活动开展，规模小的幼儿园也有了管理的意识。比如，蔡家关博顿幼儿园地处城郊接合部的农村，周边幼儿园也比较多，很大程度上是打价格战，恶性竞争，为了能够生存下去，幼儿园的收费标准很低，每月只有300多元，只能够维持幼儿园的基本开销，根本就不可能有结余，幼儿园的发展也受到限制。在集团的帮助带领下，首先从规范做起，将幼儿园的安全等放在首位，进行园舍的改造，加强各方面的管理。2014年3月，该园的托儿费也适当做了调整，从以前的350元调整为现在的550元；价格的调整，使幼儿园各方面都得到实质性的提高。如：每班从过去的一教一保增加到两教一保，减轻教师工作量的同时，加强了对幼儿的管理；同时，给教职工上调工资，购买养老保险等，解决教师的后顾之忧。这样一来，幼儿园过去经常出现的"教师慌"现象没有了，教师相对稳定了许多。本学期，就不是打电话叫教师来上班，而是教师主动打电话问什么时候上班。集团帮助该园找到自己的定位，确定了该园的发展目标，使教师不再是盲目地为了工作而工作，让教职工能够感受到幼儿园未来发展的美好前景，教职工的工作状态更加积极阳光。

阳光宝贝幼儿园同样处于城郊接合部，以前除了想收到更多的孩子，挤满小小的院子以外，没有更多的考虑。进入集团后，在集团领导的帮助下，园所管理者的管理水平有了很大的提高，知道做事情要先有计划和目标，一步一步地去完成。通过一年来的努力，幼儿园发展得很快，各方面的工作也从过去的凌乱逐渐走向规范。目前，收费从过去的350元上调到了400元。

费用虽然上调了，但是幼儿没有减少，教师队伍也相对稳定了。可见，幼儿园的付出是有成效的。

E智星福儿园有两家分园，该园加入集团后更加注重规范化的管理，也积极为两家小型民办园献计献策，并毫无保留地让大家观摩和学习。该园保持了自己的特色，并且在原来的基础上增加了创新内容，家园互动推陈出新，吸引着广大家长前去报名，一年来，保持了生源的饱满，提升了该园的名气，服务了有高需求的家庭群体，在贵阳市的民办园中属于佼佼者。

贵阳市第三实验幼儿园作为唯一的一家公办园，在云岩区乃至贵阳市都属于大型幼儿园之一。自加入集团以来，该园以管理规范引领着集团的其他园所，并不断打造特色，更新管理模式，积极引入6S管理理念。整个园所呈现出阳光向上的新局面，深得社会的认同和幼儿、家长的喜欢。该园正以自己的特色管理为抓手，带领广大教职工以扎实的步伐向贵州省省级示范园迈进。

其次，集团结合实际，制订出符合各园共同进行工作的各项计划，让各园按照集团的各项计划有序地开展各项活动，使大家做到任何事情都有目标、有计划地开展。

比如，进行各园的早操开展摸底，集团教法部组织各园的负责人进行早操活动的相关学习，重新拟订早操开展的相关内容，便于教师检测与执行。进行各园的早操评比活动，通过此项活动的开展，促进教师对幼儿体育锻炼的方法进行探索，极大地促进了幼儿的身体发展。

根据各级要求进行了《3—6岁儿童学习与发展指南》的培训，拟订了培训方案，进行了自学与专家讲授相结合的培训，还进行了各家园所参与的《指南》竞赛活动，评出了名次，各园均掀起了学习《指南》的热潮。

相比以前，规模小的民办幼儿园教师得到了许多额外学习的机会。比如，省内外专家来贵阳的讲座、实验三幼开展的各类园本教研活动（如幼儿园活动区活动的开展、幼儿园6S管理研讨）等，集团园所的教师都有机会学习。这些学习，不仅开阔了教师的眼界，拓展了教师的思维，提高了教师的专业技能，最关键的是，以前的民办园教师是被动学习，现在是主动学习，大家都希望通过自己的努力，争取到更多的学习机会。教师对于即将规范的制度也不反感了，还希望幼儿园能够制定合理的晋升机制，让大家都有更加公平合理的发展和提升空间。这样一来，规模小的两家园所的凝聚力空前增强，全园教职工目标明确，和谐一致的现象随处可见，对于管理者的管理起到了有力的促进作用。

另外，根据集团计划安排，各家园所结合节日等进行了相关的活动，凸显了各园的特色，如开展添绿三月、书香四月、感恩五月、欢乐六一、七月毕业季以及户外探险等活动，促进了教师与家长的有力沟通，让家长逐渐明白孩子在园的一日活动是以游戏为基本来开展的，而不是认几个字、念几首诗。增进了社会对幼儿园工作的认同，幼儿园也通过展现自己，更好地服务于社会。

集团已成立一年了，召开了成立大会，成立了集团理事会，为各家园所进行了授牌，开展了丰富的培训、教研活动，促进了各家园所在原有基础上的提高。在这一年中，还有贵阳市改茶新村幼儿园、贵阳市云岩区童乐智能幼儿园、贵阳市云岩区多彩童年幼儿园向集团提交了加入集团的申请，集团已将此报告至云岩区教育局，也愿意做好其他幼儿园加入集团的准备，通过集团与加盟园的共同努力，真正达到公、民办幼儿园共建共赢，提升云岩区学前教育质量。

集团未来发展方向：

1. 争创省内一流，用改革与发展举措实现办园方式的重大转变。

2. 树立育人为本、关注弱势群体、促进教育公平、优先发展教师、提升教育内涵的战略目标。

3. 打造集团特色，形成集团特色课程。

4. 努力营造幼儿快乐成长、教师快乐工作的氛围，不断提升幼儿园保教质量，提升社会声誉。

5. 不断扩大集团规模，吸纳更多园所进入集团，打造有品质的云岩学前教育。

四、云岩区第一所分园（春风幼儿园的接管）

在集团化管理的模式下，我园于 2013 年接管了当时处于云岩区毛藤巷的春风幼儿园，由时任我园副园长李莉做执行园长，集合了我园的老中青教师团队进行管理，圆满完成了教育局交给的任务，于 2016 年退出该园的管理。

在这个阶段中，幼儿园经历了多次省级一类园复查，每一次都在专家们的指导下，在上级领导的支持下，在幼儿园全体教职工的共同努力下，有着不一样的成长，幼儿园的工作也越来越受到社会的关注，在贵阳市受到广泛的赞誉。当然，由于历史原因，当贵州省第一次评估省级示范幼儿园时，我作为一所有着多年办园历史的省级一类园的园长，竟然不知情，那时我就很焦虑，常自我追问：我们幼儿园为什么没有参与的机会？我们离省级示范幼儿园到底有多大的差距？这样的疑惑一直持续到2012年。

2012年，局领导来到我园进行现场办公，观察了幼儿园的环境，要帮助我园进行全面改造，要求我园申报省级示范幼儿园。这是我作为园长后，幼儿园第一次有了参与省级示范幼儿园申报的机会，我欣喜不已。在上级部门的关爱下，我园通过2012年、2013两年的全面维修，粉刷了外墙，改造了幼儿厕所，添置了各班级的热水器等设施设备，让幼儿园整体焕然一新，从硬件上给了幼儿园强有力的支持。全园也在教师专业发展、课题研究、规划设置、日常保教、家园联系等工作上进行查漏补缺。2014年9月，迎来了贵阳市的省级示范预评估专家组，经过大家深入细致的检查，一致通过可以参加省级示范幼儿园的初评。于是，我们开始了紧锣密鼓的整理迎检工作。不出意外，2014年贵州省省级示范评估专家组在来自遵义的碧贤组长的带领下，经过三天的进班、访谈等，充分挖掘了我园的亮点，找出还需要努力的地方，顺利通过了初评。接着，2015年6月，我园迎来了来自黔南州的邓园长任组长带领的正式评估团队，他们在初评的基础上，认真梳理优点，查找不足，最后认定我园为贵州省省级示范（三类）幼儿园。2017年6月，在大家的团结一心努力下，我园第一次复查评估获得了来自六盘水的晏园长任组长所带领团队的肯定，复查升类为省级示范（二类）幼儿园。从此，省级示范幼儿园的舞台上有了贵阳市第三实验幼儿园的身影，有了实验三幼人精彩的付出与奉献。自此，幼儿园走上了一条更加高质量和高速发展的大道。

五、教师的学习与培训

幼儿园向来重视教师的专业发展工作，一直以来，对于教师的学习颇为重视。前些年，深圳一杰的学前教育培训如日中天，我们经常派教师参与其中，比如：针对各层次教师的不同内容的培训，像新教师、骨干教师等的不同领域的教学策略培训，家长工作开展等培训；针对副园长、后勤园长、保教主任等管理人员的不同内容的培训，像6S管理、教研活动的组织等培训；针对各部门的不同需要，像厨房人员、卫生保健人员等的培训。

当然，除了参加最多的深圳一杰的团队组织的培训，我们也关注贵阳幼儿师范学校（后期升格为贵阳幼儿师范高等专科学校）的各级各类培训，依着我自己是该校毕业的学生，发现学校有什么培训，经常会参与其中并带着教师进行学习。不同的学习机会，让教师获得不同方面的提升。

在派出教师参加学习的过程中，每一次我园都是大部队出行，尤其是在贵阳举办的培训，更是会一次性派出几十名教师参加，以至于主办方都知道贵阳的一所幼儿园参训的积极性，更是经常向我园发送一些新的培训内容。

作为园长，我在管理中还会有更多的思考，比如：假期中有很多的培训，常会和管理层商量，基于幼儿园当下的需要和未来发展的需要，选择适宜的学习内容，派出副园长、保教主任、年级组长等外出培训，既给了他们学习的机会，也认可大家工作的辛苦，大家在这个阶段分别参加了上海、深圳、广州、南京、厦门、成都、南宁、北京等地的培训。其中，我记得派出了李莉副园长参加了广州一地 7 园的跟岗学习，这个机会应该说吸引力非常大，她学完回来也是收获不小，对于幼儿园的业务管理也有了自己不一样的思考。作为保教主任的石梦月还参加了省教育厅组织的在深圳梅林一村幼儿园跟岗一个月的学习，这次学习对于年轻的保教主任是一次特别重要的经历，学习期满回到幼儿园的保教主任，对于幼儿园的大型活动、家长活动的开展有了新的借鉴和思考，并在工作中进行了大胆的改革。从那时起，贵阳市第三实验幼儿园的晨会活动便开始享誉省内外，对于所有孩子的表达表现，对于广大家长的参与和配合，都引起了其他园所的重视和追随。

谈到学习，总想说说家长的参与。无论是幼儿园教育纲要，还是国发的各类幼儿园阶段的纲领性文件，无一例外都提到了幼儿园要和家长进行交流和沟通，进行家园合育，共同促进幼儿健康成长。我园在家长工作方面开创了每年 8 月对全体新生家长进行培训学习的先河，诸如：幼儿园园所文化解读、祖辈专场、卫生保健专场、爸爸专场、妈妈专场、课程专场等，每一场次都有幼儿园的管理人员精心准备，与家长近距离地探讨幼儿园的发展过程，幼儿园的管理模式，幼儿园的一日活动安排，幼儿园的活动特点，以及需要家长关注和重视的地方，像是幼儿的安全（衣着重视、生病护理、食物安全等），让家长从家庭的呵护中转移到与幼儿园的密切配合上，共同关注孩子成长。记得时任局长看到我们的公众号推送，很激动地说要在全区推广我们的做法。如今，很多幼儿园都开始与新生家长进行互动，也有了更多基于本园所的实际需求的学习形式和安排，这无疑是一件有利于家园工作开展的大好事。

谈到学习，开展读书活动是幼儿园的大事。作为幼儿园的管理者，如何身体力行通过学习的方式，让所有的教职员工更好地坚持终身学习的理念，是我一直思考的问题。自 2013 年起，结合幼儿园提出的办园特色——打造书香幼儿园，我设定每年 4 月是我园的读书月。在读书月的活动中，我们有园长赠书、家庭阅读环境评比、图书义卖、自制图书拍卖、绘本故事亲子表演、讲故事、童话剧展演等，每一届的活动都开展得有声有色，深得幼儿、家长、教师的重视和喜欢。大家积极参与其中，准备好听的故事，排练喜欢的绘本剧，收集自己的旧书并定价，与家长共同制作手工图书并定价，积极参与售卖环节。每次收获的金额都会让大家讨论一番，大家都希望自己的班级售卖的金额最多，都为自己出力参与而开心不已。获得金额最多的班级，会获得园里最多的班级图书添置基金。该班幼儿就更加喜不自禁了，期待来年也得第一。

一个大班的家长，觉得与孩子自制图书的过程太值得留念，便在拍卖中花费了 800 元，拍下了自己和孩子自制的书，他激动地表示太值得留住这本书了。这个举动感染了在场的教师、幼儿和家长，也感动了前来采访的《贵州都市报》记者。第二年，这位家长又通过拍卖买下了自己和孩子制作的图书，并将其送给了幼儿园的图书室。而我作为园长，也深受感染。在当年的图书拍卖活动中，我自己掏钱拍下了一本大家都热抢的图书，并放入幼儿园图书室，供大家阅读。这样的举动为幼儿园的图书拍卖和自制图书活动带来大量关注，不仅拉近了家园的距离，提升了共同阅读的热度，还给幼儿园的图书室带来了新的阅读资源。在活动中，除了通过拍卖留下亲子自制图书外，园内还有合适的宣传点展示亲子自制图书，幼儿会在户外活动或离园时，自豪地跟家长和同伴介绍自己的作品。

当然，园长赠书更是全园师幼都期待的一个环节。每当书香四月到来之际，有的教师会主动找我，跟我说她想要某一本书，我的肯定回应会带给教师不一样的感觉。赠书的仪式感总是需要的，有的时候我会在平常的工作中观察到个别教师的需求，如新教师对家长工作、班级管理的困惑，或者是其他我关注到的情况。针对这些不同的情况，我会单独为他们购置合适的书籍。有的时候是我带着班子成员、带着书籍一同来到班级，在幼儿的见证下为教师赠书；有的时候是在周一的晨会活动中，一排排教师站在主席台前，接受我的赠书，让全园幼儿一起感受园长赠书的喜悦；有的时候又是在多媒体教室，我们围坐在一起，共享阅读的幸福，我单独给每一位教师赠书……无论是怎样的形式，教师都在活动中感受到园长赠书的幸福感。我还在每学期的新生家长会上给家长赠书，通过摇号赠书，家长接过我的赠书时很激动，其他没有摇中获得赠书的家长表示很遗憾，纷纷表达阅读意愿。可是人数众多，我没办法做到人手一本，只能跟大家说期待下次的机会。我们一起合影留念，留下了许多美好的瞬间。当然，这都是我个人出资为大家购买的书籍，每当看到教师、家长接过赠书时面带笑容，我也开心不已，更加坚定自己的做法。随着园区的不断增加，教师和家长的数量也在不断扩大，我依然毫不犹豫地坚持赠书活动，为的是让大家爱上阅读，通过阅读提升自己的能力。我们也开展各种阅读分享的活动，无论是教师还是家长，都在阅读分享中有所收获，从而更加重视阅读。这对于我们的教育对象来说就更重要了，幼儿会潜移默化地爱上阅读。

为了让幼儿爱上阅读，我们除了在各班设图书角，还在幼儿园的公共区分楼层设置阅读处，如故事小剧场、绘本阅读站等，让幼儿每天都沐浴在书的海洋中，来园随时随地都看得到书，随手就可以取书阅读。我们还专门设置了一间幼儿书屋，幼儿可以在这里阅读、表演，借阅自己喜欢的书籍。而且，我们贴心地为幼儿在门厅处设置了还书台，早上幼儿入园时就可以自行还书，由家长记录。幼儿园每学期还有"图书漂流"活动，开学两周后，首先是班级内部漂流，即师幼共同准备喜欢的书籍，分组让幼儿自主选择需要阅读的书籍，每周五下午开始班级漂流，每组都需要轮流阅读。第二阶段是同楼层漂流，各班级教师要在班里向幼儿介绍幼儿园的各楼层班级分布、各班级推荐的书目简单介绍等，各班级在门口出示海报，向前来选择书籍的幼儿介绍本班级的推荐书目，幼儿自行选择。第三阶段是全园漂流，幼儿的选择更多了，除了各班级的门口有推荐海报，还在每周一的晨会上对本周新推荐的阅读书籍进行简单介绍，幼儿的选择空间更大了，他们开心地去选择想要阅读的书籍。如果因为特殊原因本周不能开展漂流活动，幼儿都会感到特别遗憾。漂流活动培养了幼儿对阅读的兴趣，同时对幼儿的社会交往能力、语言表达能力等也有相应的提升，家长和同行也纷纷表示这样的活动真的是意义非凡。

除了赠书活动和漂流活动，还有我和园所教师的共读活动。其实，幼儿园教师在课题开展过程中、在日常教研活动中都会开展共同阅读书籍的活动，但我作为园长带领大家共读又是一番别样的体验。记得第一次想带领大家共读，是受到周菁老师的影响，她建立了一个共读群，愿意参与的教师自行购书，每周二晚上由她带着大家共读。这个共读群的公益性质，吸引了全国各地的学前高校教师、各级学前教研员、各类幼儿园园长和教师等踊跃参加，大家都为周菁老师的全心付出点赞，欣赏她认真带着大家共读的精神。在她的带领下，我每一次都积极参加，阅读了《另一种评价——学习故事》《对话瑞吉欧》《建构学习者形象》《给童年留白》等书籍，每周认真完成作业，认真预习，跟随周菁老师一起感受阅读带来的愉悦。这个活动让我有了带领大家共读的想法，于是，我发出邀请，没想到大家回应得非常积极，我们便开始了每周一晚上固定的共读活动。在我的领读下，大家都有所收获，也非常喜欢共读的过程。我们共读了《另一种评价——学习故事》《和儿童一起学习》《形成中的学习》等书籍，积极整理阅读纪要，认真完成每周作业。同时，我还带领教师跟进贵州师范学院郑玉莲博士的读书活动，大家积极报名参与，共读了《幼儿的自主游戏》《游戏、学习与早期教育课程》等书籍；参与了贵州省杨先好名师工作室的共读，共读了《儿童游戏通论》等。阅读其乐无穷，带给教师不一样的专业提升。

六、国培工作

在贵阳幼专的引领下，我园率先参与各类国培活动，通过参加培训，认真梳理关于管理、课程开展、区域活动、主题活动、环境创设等的做法，提炼出适宜的培训内容，以面对骨干教师、骨干园长等学员的需求。后期，我园也参与了贵州师范大学、贵州师范学院的各类国培活动。这些国培活动的开展，让其他地州市、乡镇幼儿园的教师和园长走进了我们的幼儿园，让更多的幼儿园教师加强了自身专业修养，不断提升了幼儿园的办园品质。我们还走入国培学员的园所，进行入园指导，帮助该园教师完善半日活动、体能活动、教研工作等，并学会了训后跟踪的具体方法、如何发现培训的问题和检测培训的效果等，为后续更多的国培项目的开展跟进打下了坚实的基础。

在众多的国培活动中，印象最深的当数来自河南省的浸润式骨干教师国培项目。2019年5月，当接到贵阳幼专的通知，我园可以参与河南省的国培项目竞标时，我除了欣喜，更多的是忐忑不安，不知道是否能抓住这样的机会，既彰显贵州学前的优质力量，又高质量地完成此次国培项目。我在和班子成员多次沟通后，完成了线上的方案竞标第一站，好消息随之传来，我园获得了现场竞争的机会。于是，我园石梦月副园长前往河南，与来自全国各地的其他幼儿园、高校一同竞争此项目。通过现场答辩，石梦月的优异表现赢得了评委们的认可。当年6月，河南省教育厅派出两名专家（一名是教育厅分管国培的处长，一名是学前教育的博士）前来贵州，到了我们幼儿园进

第四章 春风化雨 能量提升

行现场认定，实验三幼的优秀管理团队的表现得到了专家的认可。7月，好消息再度传来，我园获得了河南省 2019 年浸润式骨干教师国培项目。全园教职工欢欣鼓舞，大家的努力得到了认可，下定决心一定要认真对待此次国培，努力完成好这个来之不易的跨省国培项目。

2019 年 10 月，50 名国培人员如约而至，他们要在贵阳市第三实验幼儿园的带领下，完成 20 天的国培任务。我邀请到贵州省教育厅、贵阳市教育局、云岩区教育局的相关领导参与启动仪式，他们都对我园能够竞争到这个项目而欣喜，甚至感觉不够真实，毕竟河南省的学前教育发展应该优于贵州省啊。我园所有人员用心完成课程设计，邀请到贵州省优秀专家：贵阳幼儿师范高等专科学校副校长翟理红、贵阳市教科所副所长张海凤、贵州师范学院博士郑玉莲、贵州省教科院学前教研员杨先好、贵阳市云岩区小幼主任石晓樊；还邀请到省外专家：四川师范大学博导鄢超云、湖南师大博导杨东平、北京丰台一幼集团园长朱继文、上海闵行莘庄幼儿园园长郁亚妹等前来授课；带领学员参观遵义市实验幼儿园、贵阳市青岩幼儿园、贵州省人民政府机关幼儿园、贵州师范大学幼儿园等优质幼儿园；学员跟随我园教师进行跟岗学习等。最后的结业典礼上，来自河南省的学员们表达了深深的敬意，也对此次培训记忆深刻，都说贵州学前真的了不起。后来，我园还数次派出骨干教师进行返岗的入园指导工作，对大家回到河南后的工作进行检核。在学员们的评分中，作为园长，作为此次项目的负责人，我的评分居然排在靠前的位置，这更是我始料未及的。河南省教育厅在后续的资料评分以及学员反馈中，也对我园的项目完成给予了较高的评价。此次国培项目的承办，对我园的发展起到了催化剂的作用，在当时成了大家热议的话题。

七、教学成果的获得

2018 年，贵州省教科院开始了教育成果的推进工作，邀请来自江苏的专家成尚荣的团队前来贵州进行指导。该项目被称为西部教改项目。很荣幸，我园也作为参与该项目的两所幼儿园中的一所，得到了一次又一次的专家指导。专家团队专门对参与的校园进行了立项梳理，然后细致地进行了各项目的个别指导。我园经过思考，确定了《幼儿园"复结构"活动区材料的开发运用》课题，依据我园从 2011 年开始的幼儿园活动区材料的开发与研究的市级课题，着手打磨教学成果。当时我们从未接触过教学成果的工作，经过省教科院多次邀请专家指导，总算在撰写教学成果的过程中有了一点眉目，再经过省内的高校专家如余文武博士等的悉心指导，我园的教学成果申报书以及成果报告终于出炉，并于当年参与了贵州省教育厅举办的第四届贵州省中小学教学成果评比，获得了三等奖。这开启了幼儿园对于教学成果的新理解，对于后续的课题研究、完成科研成果申报以及转化为教学成果等有了进一步的助推作用。

八、幼儿园 60 周年园庆成功举行

贵阳市第三实验幼儿园前身是贵阳铁路分局枣山路幼儿园，这所建园于1958 年的幼儿园在 2018 年就已走过 60 年了。作为幼儿园第六任园长，我成为这所幼儿园的园长也有 18 个年头了，赶上美好的 60 年，我们提前在 2017年下半年就开始了整个园庆活动的策划工作。我们精心安排着第一次如此大规模的庆典活动，搭建了实验三幼历史上最亮眼的舞台，展出了幼儿园人员、环境的 60 年变迁历史，门口摆放由玻璃钢制成的幼儿园吉祥物"心心"和"阅阅"，邀请了毕业于实验三幼的历届孩子们返园庆祝。我们一共安排了三天的庆祝活动，第一天上午是启动庆典，下午则是大班的庆典；第二天上午是中班的庆典，下午则是小班的庆典；第三天是校友庆典日。三天的活动丰富多彩，孩子们、老师们、家长们和校友们在一起，热烈庆祝幼儿园的 60 周岁生日。

在庆典上，我发了三次言，每一次都情真意切，几欲落泪。

主庆庆典发言：

今天，实验三幼高朋满座，嘉宾满堂，我代表实验三幼全体教职员工热烈欢迎大家的到来。有你们的关心和厚爱，我们的幼儿园才会越来越有希望；有你们的帮助与支持，我们的幼儿园才会越来越有方向。实验三幼前身是贵阳铁路分局枣山路幼儿园，建园于 1958 年，邻近风光秀丽的黔灵山公园。这是一所有着悠久历史和光荣传统的幼儿园，培育了大量的铁路子弟，也为工作繁忙的铁路职工解除了后顾之忧，为铁路运输生产做出了贡献。2004 年，我园全面移交贵阳市政府，由贵阳市云岩区教育局管理，正式更名为贵阳市第三实验幼儿园，同时迎来我园的快速发展期。移交以来，我们有了更专业的行业管理。在云岩区委、区政府、区教育局的关心支持与管理下，幼儿园取得了快速的进步：一个个集体与个人荣誉的获得，一项项教师积极参与的课题的结题，一批批孩子毕业后奔向小学，都让我们承载着莫大的希望与前进的动力；我们的生源也更广了，辐射到了贵阳市。可以说，60 年来，我园

在不断发展壮大，走过的是一条光荣的、值得自豪的发展之路。

不知不觉，我已经在实验三幼工作18年了，即使与幼儿园的60年历史相比，还是很短。在这个特殊的日子，我不由得想起了在我园工作过的所有前辈，也想起了仍在我园工作的同事。他们的事迹和精神常常感动着我，也激励着我。可以说，正是由于他们兢兢业业地工作、不计报酬地奉献，才奠定了我园的发展基础。

很多在实验三幼就读过的人，已长大成人，仍默默关注着这样一所母校，他们会回园来看看，会打听我园的现状，打听曾经教过他们的老师，并以不同的方式支持我园的发展。他们从我园出去后，有的留在了贵州，有的到了其他省市，甚至异国他乡，他们不论从事何种职业，处于何种岗位，都有着实验三幼这段共同经历，他们都是我园的财富和骄傲。

多年来，我养成了一个习惯，尽可能每天早上都站在幼儿园门口，迎接家长和孩子们。孩子们一批批地入园，又一批批地离园，我也慢慢青春不再。但每当看到孩子们活泼可爱的身影、听到孩子们的朗朗笑声，我就觉得所有付出都是值得的，我感到特别充实、骄傲和幸福。

自己能从事幼教工作，能与现在的同事共事，能与实验三幼一道成长和进步，我深感这是组织的关心和信任，是同事们的支持和帮助，是一种缘分，更是我莫大的荣幸。

幼教事业，既平凡又伟大，既要安于平淡又要付出很多，这是需要热情、理想和情怀的工作，而我的同事们就是具有这样品质的人。随着时代的发展，幼教理论和实践也在不断创新和发展，社会和家庭对我们的要求也更高，我们永远面对着新的挑战和压力，而我们一直在努力，从来没有停步。

我深信，在习近平新时代中国特色社会主义思想的指引下，在上级部门的领导下，通过实验三幼全体教职员工的继续努力，发扬齐心协力、团结奋进、无私奉献的精神，尽幼儿园所能，一定能发挥贵州省省级示范幼儿园的优质专业辐射能力，带动身边的幼儿园做规范的、公平的幼儿教育，我们将无愧于上级的期望，无愧于社会和家长的重托，无愧于这个伟大的时代。我们有理由相信，在社会各界一如既往的关心、支持和帮助下，在全体实验三幼人的积极进取中，我园一定会迎来更加美好的未来。

大班庆典发言：

尊敬的各位家长、各位来宾、各位老师们：

大家下午好！

今天，我们欢聚一堂，开展幼儿园的首届文化交流活动，庆祝幼儿园的60岁生日。今天对咱们大班的家长、大班的孩子来说，也是一个非常特殊的日子，孩子们在幼儿园度过的三年时光已悄然逝去。在彼此相伴的三个春秋里，从孩子们的"我要找妈妈""我要回家"，到孩子们现在自主、愉快的幼儿园生活，其中凝聚了家长的信任、老师的付出。孩子们在幼儿园快乐地歌舞、游戏、画画、听讲故事、朗诵儿歌、探索未知。经过三年的幼儿园学习和生活，大班的小朋友们就要毕业了，即将走上人生第一个学习科学文化知识的神圣殿堂——小学校园。

在孩子们即将从这里出发、走向更宽阔的世界之际，恰逢幼儿园60岁的生日，借此机会，我要告诉所有的小朋友，今天你是实验三幼的一员，明天你就是实验三幼永远的校友。欢迎未来的校友们学成归来，给幼儿园过100岁生日！

谢谢！

校友专场发言：

亲爱的老朋友、大朋友、小朋友们，大家好！

欢迎大家回到我们的幼儿园，在幼儿园60岁生日的庆祝典礼现场，你们的到来，是对幼儿园最好的祝福，我代表幼儿园全体教职工向你们致以最真的问候和欢迎！

亲爱的校友们，幼儿园永远是你们展示自我的舞台，从过去到未来，幼儿园的大门永远向你们敞开，因为，幼儿园的发展有你们不可磨灭的足迹。无论你们是生活、工作在省内外，还是国内外，只要你们愿意，幼儿园就是你们永远的家园。我们为有那么多毕业于幼儿园的优秀校友喝彩和骄傲。

幼儿园60年的历史，有全体教职工共同的见证和参与！我们共同为幼儿园的发展付出了自己的努力！你们的敬业、友爱与责任，滋养了幼儿园，造就了幼儿园的美好！你们的乐业、真情与善良，融化了幼儿园，成就了幼儿园的绚烂！你们的创新、热情与温暖，美丽了幼儿园，开创出幼儿园的新天地！是你们的努力耕耘与付出，让幼儿园焕发出勃勃的生机！是你们的不断传承与创新，让幼儿园迸发出前行的能量！

60年风雨同舟，60年辛勤耕耘，如今的幼儿园，仍然是全体教职工的能量场，我们将继续发扬铁路幼儿园的拼搏精神，为孩子们服务，为家长们分忧！

亲爱的各位朋友们，幼儿园的发展正是有了大家才一直昂扬向前，感谢大家的付出，感谢大家的关注，我们真诚地期望大家永远团结向前，继续为幼儿园的发展贡献自己的力量。我更希望到幼儿园 70 岁，80 岁，90 岁，100 岁时，我们的校友们还能如期而至，为幼儿园的美好未来助威呐喊，为幼儿园的美好未来增光添彩！

九、幼儿园第二次出书《幼儿园里的那朵云》

2018 年，借着幼儿园建园 60 周年园庆活动的开展，我带着教师完成了第二本著作。该书是教师向幼儿园建园 60 周年的献礼之作，我们也将该书从之前的教育成果集变为了教育智慧集，充分彰显了教师在工作中的智慧和力量。该书从管理韵彩、教师炫彩、孩子溢彩、家长璀彩等四方面，将贵阳市第三实验幼儿园始终以儿童为中心追随学前教育的本真，在这条路上矢志不移的样态真实地展现了出来。这是大家又一次的情怀载体，为开创实验三幼的美好未来而深入扎根一线，让每个孩子享受公平而有质量的教育的力作。

第三节　共筑多彩梦，快乐同成长

继 2011 年参加了首批全国骨干园长为期一月的培训，成了东北师范大学第一批园长班学员后，2016 年，我又参加了由教育部在东北师范大学主办的为期三年的全国优秀园长高级研究班学习，于 2018 年完成了办园思想的凝练。

一、幼儿园的发展历程

（一）幼儿园的历史发展

贵阳市第三实验幼儿园（原成都铁路局贵阳铁路分局枣山路幼儿园）始建于 1958 年，地处贵阳市著名的城市公园——贵阳市黔灵山公园附近，有着优美的环境、清新的空气、便利的交通等条件。目前有幼儿班级 15 个，教职工 88 名，占地面积 3362 平方米，建筑面积 6250 平方米。

幼儿园是 1993 年首批获得"贵州省一类幼儿园"称号的园所，几十年的办园过程，在以"一切为了孩子，为了一切孩子，为了孩子一切"的宗旨下，在老一辈枣幼人的无私奉献和精心培育下，深得铁道部、铁路局的重视，以及所有贵阳铁路局职工的信任和喜爱。1998年，铁路局在幼儿园原址重新修建，并于1999年3月开放新园舍，不但解决了铁路局子女的入托问题，还以良好的口碑和硬件设施吸引了大量的地方子女入托。自1992年起，我园连续12年被成都铁路局评为提高幼儿园保教质量先进幼儿园，连续12年荣获原贵阳铁路分局提高保教质量先进单位，2000年被评为原贵阳铁路分局首批文明幼儿园，2003年被评为原贵阳铁路分局文明单位，2006年被评为贵阳市先进集体。通过历代枣幼人兢兢业业的付出，幼儿园先进个人、优秀教师等比比皆是，在贵阳市有着响当当的声誉。

2004年6月，幼儿园按照铁路系统提出主辅分离的工作要求，从铁路系统脱离出来，属地交由贵阳市云岩区政府，由贵阳市云岩区教育局管辖，更名为贵阳市第三实验幼儿园。更名后的幼儿园延续着铁路管理的良好作风，集结着教育系统管理的专业效应，在原有的基础上不断发展，形成了良好的办园模式，为办人民满意的幼儿教育不断努力。

（二）幼儿园简介

在风景秀丽的黔灵山麓下，在蓝天、白云、绿树的怀抱中，有一道风景别样的彩色围墙：操场上空高高飘扬的五星红旗、欢快流淌的音乐与孩子们一阵阵快乐的笑声无不在召唤着你：来吧，快来吧！美丽的实验三幼在这里等着你！

我园2008年11月被评定为贵州省A级食堂，承担着教育部、中央教科所的"十一五""十二五"重点课题——生态课题、心理健康课题等的实践研究工作，参加了贵州省省级课题、贵阳市市级课题、云岩区区级课题等的研究，并先后结题。鼓励教师树立终身学习的良好习惯，积极参加各种有益的学习、培训活动。我园先后有24名教师通过自学获得本科学历，均为学前教育专业。同时，教师在各种级别的论文评比、好课评比中屡获佳绩，先后有百余篇论文、读书笔记、经验反思在国家级、省级、市级、区级获奖，11名教师获得云岩区新秀奖，另有数名教师获得市级优质课评比、市级学习故事评比一等奖。2006年被评为贵阳市先进集体，园长龚燕被评为市先进教育工作者。多年以来，我园全体教职工以《幼儿园教育指导纲要》《3—6岁儿童学习与发展指南》为准绳，转变教育观念，注重幼儿自身的发展，调动幼儿主动学习的积极性，为促进幼儿身心和谐发展奠定基础。目前，幼儿园有市区级教坛新秀、区级骨干教师、区级教学能手、区级班级管理能手、区级名园长、区级名班主任、区级优秀教研管理者、区管专家等教师多名，还设立了名园长工作室。

2012 年至今，我园得到了贵阳市云岩区政府以及区教育局的极大关注，下拨资金近 900 万元，对我园进行全方位的打造，依据我园的现有情况，进行适合我园发展的改建。我园也积极开展师资队伍建设、管理等工作，于 2015 年获得了贵州省省级示范幼儿园的称号。

二、幼儿园现状特点

（一）幼儿园的优势

1. 队伍优势

我园领导班子团结向上、积极进取、敢于创新、和谐民主，善于带领全体职工奋力争先；我园教师年轻朝气、充满活力、锐意进取、创新求实，强于引领幼儿活力康健；我园后勤人员踏实肯干、求真务实，臻于配合保教大步朝前。

2. 教育局引领优势

贵阳市云岩区教育局是贵阳市乃至贵州省的教育强区，在此条件下，我园将依托教育局引领，趁抓教研责任区的龙头园之机，将我园的优质资源进行辐射帮带，沉淀教师专业队伍成长。

3. 领办分园优势

我园将领办两所分园，借此机会，部分专业技能成熟的教师将进入幼儿园管理团队，为分园的管理注入鲜活的力量。同时，对于正在成长中的教师来说，这也是一个机遇与挑战。

（二）幼儿园存在的问题

1. 经费紧张

由于我园的保育员以及食堂工作人员均属聘任人员，要为他们发放工资、缴纳社保，这占用了大量的资金（经核算，每年聘任人员的工资收入用掉了保教费用的 70%），对于我园需要进行园所改造、教师专业发展的工作有较大影响。

2. 空间紧张

由于公办园的收费偏低，目前我园每月仅收取幼儿保教费用（含伙食费）510 元，又因优质资源的严重缺乏，有入园意向的家庭非常多，导致了班额过大、空间窄小等问题，幼儿的活动空间受到严重制约。

3. 教师年龄差距大

2012 年以来，招聘入园的年轻教师非常多，与园内老教师的年龄差距较大。对于这些年轻教师，我园需要加大培养力度、创新培养模式。

4. 园所文化薄弱

幼儿园办园历史悠久，但由于疏于建设独特的园所文化，还需重点打造园所名片。

三、我园办园思想的发展历程

第一阶段，建园至 2000 年。贵铁枣幼人一直以"一切为了孩子，为了一切孩子，为了孩子一切"为办园宗旨，引领着一代代的枣幼人，从托儿班（1岁半到 3 岁阶段）、小班、中班、大班到寄托班（铁路局的双职工需求），为了孩子的一切而辛勤耕耘，为我们铁路局的小学、中学输送了大批的生源。很多铁路人几代人都是从贵阳铁路分局枣山路幼儿园走出去的，他们对枣幼有着极其深刻的感情，哪怕是当了各级领导，或者做了有名的科研人员，都对枣幼情有独钟，忘不了在枣幼木板楼里的快乐成长。

这个阶段是所有枣幼人都无法抹去的记忆，即使我们的员工多数来自铁路一线职工，没有管理幼儿的经验、没有带领幼儿活动的方法，但是，经过铁路教育分处的领导悉心培养，给予外出培训学习的机会，手把手地教授育儿的知识与方法，教职工们很快就掌握了保教工作的内涵，用铁路人执着的工作态度，用心陪伴着一代又一代的铁路后代；用铁路人敬业的工作标准，精心呵护着一代又一代的铁路子女。当 20 世纪 90 年代后期，枣幼向地方开放办园以后，一批又一批的地方子女蜂拥而至，家长们相信枣幼的办园理念与目标，放心孩子在园度过的月月年年。也因此，枣幼从铁路子女辐射到了其他普通家庭的子女，有更多的幼儿享受到了铁路幼儿园的优质服务。一批批枣幼孩子走入小学、中学，他们在幼儿园的基础阶段受到的良好习惯教育展露无遗，深得教师的喜欢，我们的铁路教育走出了许许多多的良才。

第二阶段，2000 年至 2011 年。这时，新一代枣幼人与实验三幼人结合起来，在大家的努力下，共同梳理出了本阶段的幼儿园办园思想。

办园理念：以人为本、和谐发展。

办园目标：立足于师幼的发展，确立"开放、互动、自主、和谐"的管理思路，以建设具有特色的园本课程体系为抓手，以建立科学的管理机制为保障，培养"健康活泼、好奇探究、文明乐群、勇敢自信、有初步责任感"

的幼儿，打造"善于关爱与合作，善于学习与分享，善于研究与思辨，善于进取与创新"的智慧型教师，并经过努力，把实验三幼办成管理优、课程优、队伍优、质量优，具有良好示范辐射力的优质园所。

可以说，这个阶段对于我园来说，是一个别样的发展阶段，新老团队交汇在这个和谐的集体里，大家有着对幼儿园发展的美好愿望，也有着对幼儿园美好前景的憧憬和努力工作的信心、决心。新老团队在工作中齐头并进，老教师将自己的经验毫无保留地分享与传递给新教师，新教师努力跟进，不知疲倦，孜孜以求，创造了幼儿园蓬勃发展的势头。

光阴似箭，岁月如梭，岁月的年轮画了一圈又一圈。在不经意中，我们已共同走过了从贵阳铁路分局枣山路幼儿园更名为贵阳市第三实验幼儿园的整整四年，这是我园各项工作取得显著成绩的四年，也是我们所有职工开拓创新、奋发有为的四年。四年来，我们始终以历史的使命感和主人翁的强烈责任感，开拓创新一路走来。

掀开幼儿园的每一页日历，都如同掀开一张张崭新的图画，上面缀满了美丽的风景。岁月的年轮在如春的脚步中增长，生命也在如风的呼吸中升华。四年了，弹指一挥间；四年了，回头一刹那，在匆匆走过的四季中让我们把心情挥洒。

回首过去，总惊叹于我们的团结一家亲。看哪，我们要进行挂牌更名的庆典，虽然只是一个小小的仪式，但每个人都在尽心付出：彭老师是主持，要背的台词太多，没关系，抓紧时间；龚老师、张老师、晏老师、谭老师等小姑娘要参加舞蹈演出，等孩子们离开幼儿园后抓紧排练；李老师、曾老师、陈老师等也分别有诗歌朗诵，她们利用空余时间一遍又一遍地和着节奏，在仪式上尽心演出，获得了领导的一致好评。您再看：龚老师要参加云岩区幼儿教师园丁奖好课评比，她准备得非常充分，课件、教具、场地布置一样不少，程主任、李主任、罗书记、钟园长、龚园长都来了，为她提出建议，更改不妥之处；陈老师、彭老师也来了，她们也看了一遍又一遍，为龚老师后来一举取得园丁奖立下了汗马功劳。

每一个节假日里，实验三幼工会都积极地组织各种活动。在一次次出彩的活动中，服装秀、猜词秀，尽显巾帼本色；沙滩排球、多足行走，铸就众志成城；运小球、玩大球、地滚球，更是得心应手；拔河、接龙、口中取物令人目不暇接；小品大赛风起云涌、高潮迭起，叫人捧腹，令人难忘。我们在工作之余流连于红枫湖的水上体育中心，嬉戏在黔灵山麓，荡漾于风景如画的花溪阳光水乡，驻足在心旷神怡的九曲径弘福寺。实验三幼人开心的笑颜随时可见，实验三幼人的欢声笑语随处可听。

和谐的环境会催生破土的幼苗，愉悦的心境能激发人的潜质。不是吗？在实验三幼，无论是老教师、青年教师、保育教师还是后勤教师，为了我们这个大家庭，为了天真幼稚的孩子们，付出了智慧，付出了劳动，付出了能感动你我他的全部。你看，余老师拖着沉重的病体走到了孩子们中间，给予了孩子们母亲一样的关爱；年轻的包老师为了孩子们在成长过程中所犯下的过失一次又一次地寻找答案，力求做到最好；杨老师、吴老师、田老师、刘老师等保育教师，在工作中一丝不苟、认真负责，得到带班教师和兴趣班教师的交口称赞；董老师、张老师、刘老师用对孩子们深深的爱，换来了家长们的高度认可，家长们写来了情真意切的感谢信——这既是对该班工作的肯定，也是对幼儿园的一种鞭策；崔老师、晏老师、熊老师、肖老师不管本班或年级组的任务多忙、时间多紧，都能积极完成幼儿园交给她们的一切工作，并以良好的师德影响着他人；食堂的沈班长带领全体厨艺大师为孩子们奉献出一道又一道可口的饭菜；两位园医不辞辛劳，用认真负责的工作换来了孩子们的健康成长；还有后勤的全体同仁的默默付出，让幼儿园这艘大船在茫茫大海中顺利前行。

感谢你们，小小班年级组的全体教师，有了你们的付出，孩子们才爱上了我们的实验三幼；

感谢你们，小班年级组的全体教师，有了你们的付出，孩子们才知道英语也很有趣；

感谢你们，中班年级组的全体教师，有了你们的付出，孩子们才明白他们在渐渐长大；

感谢你们，大班年级组的全体教师，是你们让孩子们懂得了什么叫作珍惜、什么叫作依依不舍、什么叫作感恩，孩子们在你们精心策划的毕业典礼上体会到了成功、体会到了快乐！

四年的时光转瞬即逝，我们团结、和谐的集体取得了辉煌的成绩：继取得贵阳市市级绿色学校的光荣称号后，又取得了省级绿色学校的光荣称号；参加贵阳市云岩区第二届园丁杯文艺汇演获舞蹈一等奖；教师李莉参加师德演讲获演讲稿一等奖；参加三八节健美操表演获优秀奖；教师彭静执教的"我是小导游"一课获区一等奖、市三等奖；参加云岩区教育系统合唱比赛获乙组二等奖；幼儿园获得贵阳市 2006 年度幼教先进集体称号；龚燕获贵阳市

2006 年度幼教先进个人称号；参加由全国妇联、第 29 届奥运会组委会、共青团中央、教育部等 9 部委共同举办的"喜迎奥运、放飞梦想"全国家庭亲子模拟奥运会活动，荣获"优秀方案设计奖"，此活动还获得贵州省方案设计优秀奖、活动开展三等奖、优秀组织奖。

回首过去，我们感慨万千，展望未来，我们充满信心。在云岩区教育局一如既往的关心下，我们幼儿园从师资到硬件都有了一个质的飞跃。挑战极限是我们一直的期待，超越平凡是我们永久的梦想，"新"是成长的力量，让我们插上期待的翅膀，飞进梦想的境界！

在这个阶段里，实验三幼人通过不懈的努力，走近了课题，走近了孩子，走近了家庭，走近了社区，形成了教师分层管理办法，策划了"书香四月活动月"的各种内容，思考了各类活动适于孩子的开展模式与过程……

第三阶段，2011 年至今。这是年轻的实验三幼蓬勃发展的崭新阶段。这个时间段，国家对学前教育发展高度重视，《国家中长期教育改革和发展规划纲要（2010—2020 年）》单独列出了对学前教育的政策要求，《国务院关于当前发展学前教育的若干意见》把学前教育摆在了更加重要的位置，要求以多种形式扩大学前教育资源，以多种途径加强幼儿教师队伍建设，以多种渠道加大学前教育投入，加强幼儿园准入管理，强化幼儿园安全监管，坚持科学保教等；学前教育三年行动计划的编制，明确了未来三年学前教育发展目标，逐年落实建设任务，加强幼儿园教师培养等，完善了《幼儿园教师专业标准》《幼儿园园长专业标准》等文件；学前教育宣传月的活动开展、各类针对学前教育的国培种类繁多，给幼儿园和教师带来了极大的益处。基于我园近 60 年的办园历史，也基于我园在不断发展中的创新，各类学前教育专业院校积极在我园成立见实习基地、跟岗基地等，邀请我园教师参与专业指导教师队伍，既完成了国培任务，又成就了年轻教师的专业发展。幼儿园也在这样的良性循环中铆足了劲前进着。

我园计划对幼儿园的发展进行重新定位，开始思考幼儿园环境对于幼儿的重要性、家园联系的重要性、教师专业发展的重要性等，成立了由多部门教师以及社区人员、家长代表参与的幼儿园规划团队，并通过幼儿园各部门（团支部、年级组、行政组、后勤组等）的网络讨论、各班级与家长的网络讨论、由幼儿园教师和家长共同撰写《我心目中理想的幼儿园》文章并进行演讲、邀请社区人员和家长参加讨论会等，开始梳理我园的办园思想。大家不断讨论，结合我园现状以及发展规划，达成共识，并于 2014 年提炼出了我园的办园思想。

办园宗旨：培养有能力的孩子。

教育理念：筑多彩世界，习生活智慧。

办园目标：浸润书香，育健康能干宝贝；造幸福互助团队，助和睦快乐家庭。

园风：快乐生活，快乐工作。

园训：健康、自律、自信、自主。

办园特色：阅读、悦读。

在进行办园思想梳理的过程中，向全园教师征集能代表幼儿园的内涵思想的原创园徽标识，将征集到的 38 份原创作品进行汇聚、梳理，根据幼儿园近年来的办园方向和保教活动，确定了园徽：一个圆润的"3"为实验三幼的代称；五彩的色调迎合了孩子们喜爱的波板糖色彩，象征着幼儿园将和孩子们一起营造丰富多彩的幼儿园生活；3 组手拉手的卡通人物，象征着幼儿园的三大人群——教师、家长、孩子，携手创造美妙而又幸福多彩的生活，创建幸福和谐的实验三幼大家庭。

四、办园思想的形成与实践

(一) 办园思想的内涵诠释

1. 能力

美国著名的组织行为研究者大卫·麦克利兰（David McClelland）将能力素质（Competency）界定为能明确区分在特定工作岗位和组织环境中杰出绩效水平和一般绩效水平的个人特征。能力分为五个层次：知识（Knowledge）、技能（Skill）、自我概念（Self—Concept）、特质（Traits）、动机（Motives）。

2. 儿童发展观

儿童观是指人们对儿童的看法和态度，儿童发展观则包括儿童的特点、儿童发展的性质、影响儿童发展的因素和儿童发展的价值等重要内容。

历史上曾对教育产生过一定影响的儿童发展观主要有以下四种：

（1）遗传决定论

我国古代儿童观是围绕对人性的认识展开的，主要有两种代表性的观点。以孟子为代表的性善论认为，人具有基本道德的萌芽，即善端，包括恻隐、羞恶、辞让、是非之心。儿童的发展就是让这些本来存在的萌芽能够生长。

孟子注重教育内容对儿童的影响，其目的是引发儿童固有的良知、良能。以荀子为代表的性恶论认为，人对物的欲求是人性，而人性是恶的。荀子这种对人性的看法，导致了他注重教育对儿童的改造和外塑功能。

（2）环境决定论

环境决定论认为，真正在儿童的发展中起着绝对影响作用的力量，是儿童生活环境和后天所获得的教育引导。环境决定论虽然否定遗传生物因素在儿童发展中的决定性作用，但仍认为儿童的发展是受某种外在于儿童主观控制的因果关系的制约。

英国教育家洛克主张"教育万能"，他在《教育漫话》中指出，儿童犹如一块"白板"，到他们长大成人后，是好还是坏，有用还是无用，感到幸福还是痛苦，主要是由他们所受的教育决定的。"人类之所以千差万别，就是由于教育之故。"他说："给我一打健全的儿童，更给我一个特殊的环境，我可以运用特殊的方法，把他们加以任意改变，或者使他们成为医生、律师、艺术家、大商家，或者使他们成为乞丐和盗贼。"在美国心理学家华生的眼中，儿童生活于其中的环境，就像一个模具，儿童个体的发展，完全取决于这个模具的形状。而这一模具的形状，则取决于提供给儿童的、完全可被控制的学习与训练的内容。

（3）辐合论

辐合论，也称为二因素论。这种儿童发展观肯定先天遗传因素和后天环境因素对儿童发展都有重要的影响作用，二者的作用各不相同，不能相互替代。瑞士心理学家皮亚杰认为，在遗传、环境和儿童主体的活动这三者之间，唯有儿童的活动才是其发展的真正起因。因此，儿童的发展是一个不断演变的建构过程，在这一过程中，儿童主体的活动是第一性的，是发展的根本原因，遗传与环境因素只是儿童发展的必要条件。

美国教育家杜威反对传统教育脱离实际生活，提倡关注儿童的参与、以儿童为中心的教育。教育的根本点在于儿童的成长与发展，就是要尊重儿童的个性，围绕儿童的兴趣、需要等组织活动，让儿童成为活动的主体，处于教育活动的中心地位。

（4）蒙台梭利儿童发展观

蒙台梭利认为，儿童存在着与生俱来的"内在的生命力"，或称之为"内在潜力"，或把它总括为"人类的潜能"。

儿童的内在潜能。这种生命力是一种积极的、活动的、发展着的存在，具有无穷无尽的力量。蒙台梭利说："生长，是由于内在的生命潜力的发展，使生命力显现出来，它的生命力量是按照遗传确定的生物学的规律发展起来的。"教育的任务是激发和促进儿童的"内在潜力"的发现，并按其自身规律获得自然的和自由的发展。

儿童发展的连续性。蒙台梭利把儿童看作发展着的个体，儿童的发展是个体与环境交互作用的结果。她认为儿童的发展是一个连续的不断前进的过程，前一个阶段的充分发展是后一阶段的基础，后一阶段的发展是以前各个阶段充分发展的积累和延续。

儿童发展的阶段性。蒙台梭利指出儿童心理发展过程的"敏感期"的含义是：在不同发展阶段，儿童表现出对于某种事物或活动特别敏感或产生一种特殊兴趣和爱好，学习也特别容易而迅速，是教育的最佳时机。

3. 有能力的儿童

看待和认识儿童的方式决定了对儿童的定义。儿童是有能力的，有能力是因为儿童用身体感知、识别其他事物的特性。

儿童从一出生就开始了锲而不舍的探索。对生活和对自我的探索是人与生俱来的，这就是为什么我们会说在探究生活、他人以及自己和生活的关系时，儿童是有能力的、坚强的。他们每天都在和我们一起探索，在力图弄明白一些事理、发现意义、把握生命的某个片段。

儿童从一出生就是坚强的、强大的，以及富有潜力和才智的。他们被具有巨大能量潜力的成千上万个神经元推动着，被因为渴望长大和认真成长而产生的力量推动着。他们是知道如何等待并有很高期望值的，是想让人们知道他是了解很多事情的，是知道怎样做事情的。他们有能量、有潜力，而这些来自他们对事物的怀疑和好奇。

儿童有能力建立关系和互动，对他人怀有深深的敬意，接受不同意见和错误；拥有自己的价值观，能熟练建立团结关系；是权利的拥有者和建构者，他的身份、独特性和与众不同之处都需要被尊重和被重视。

4. 儿童中心论

在杜威看来，"学校的重心在儿童之外，在教师，在教科书以及你所高兴的任何地方，唯独不在儿童自己即时的本能和活动之中"，教科书"是过去的学问和智慧的主要代表"，而"教师是使学生和教材有效地联系起来的机体，教师是传授知识和技能以及实施行为准则的代言人"。因而，传统教育的弊病是显而易见的："传统教学的计划实质上是来自上面的和外部的灌输。它把成人的标准、教材和方法强加给只是正在逐渐成长而趋于成熟的儿童。差距是如此之大，所规定的教材、学习和行动的方法，对于儿童的现有能力来说，都是没有关联的……尽管优秀的教师想运用艺术的技巧来掩饰这种强制性，以减轻那种显然粗暴的性质，它们还是必须灌输给儿童的。"由于传统教育把教育的重心放在教师和教科书上面，而不是放在儿童的本能和活动中，于是，儿童只能受到"训练""指导和控制"。去除这种弊病的出路是使教育实现重心的转移，"我们教育中将引起的改变是重心的转移，这是一种变革，这是一种革命，这是和哥白尼把天文学的中心从地球转到太阳一样的那种革命。这里，儿童变成了太阳，而教育的一切措施则围绕着他们转动；儿童是中心，教育措施便围绕着他们而组织起来"。把教育的重心从教师、教材那里转移到儿童身上，也就是"以儿童为中心"的教育。

5. 有能力的教师

教师的专业发展是提高我们和儿童互动质量的不可或缺的媒介，需要有能力的、愿意倾听的、能改变和提高自己的、能最大限度关注到儿童所生活的现实世界中各种变化的教师。

教师要真心与家长交朋友，在积极的互动交流过程中倾听不同的想法，获得丰富的共识。

教师要成为有求知欲的人，主动与他人共同建构知识，推陈出新，和儿童共同努力，不能无视儿童的想法、路径和独特的方式，和儿童一起体验愉悦、兴奋和成长。

教师要以开放的态度对待教育工作的复杂性、冲突性和不可预见性。

6. 有能力的家长

家长是儿童的第一任教师，他们的一言一行直接影响着儿童的成长；

家长是儿童心目中伟大的人物，他们的教养方式各具特色，儿童的成长不可或缺；

家长是儿童的导师，他们与儿童和平共处，对儿童寄予期望，用自己的方式引领儿童成长；

家长是儿童的心灵伙伴，他们用心、用情、用爱浇灌儿童，让儿童健康向上；

家长是儿童的朋友，他们用爱心、善良、包容教育着儿童，让他们向着美好的未来迈进；

家长是教师的益友，他们与教师密切沟通、交流，用自己的方式做教师的同行者，带领儿童勇往直前……

（二）办园思想的实践

1. 打造优质幼儿园物质文化

2012 年至今，在区教育局的大力支持下，先后投入了 900 多万元进行全园的维修改建。我们全程参与幼儿园的维修改建，提供一景一物的装修方案。幼儿园蓝色的外观寓意着冷静、睿智、梦幻，在这样的外表下，将每层楼赋予不同的柔和色调，形成多彩的色带与园徽呼应，体现着园徽寓意——给孩子一个多彩的体验生活。从冷色调向暖色调过渡，也为孩子带来不一样的感觉：绿色的二楼作为小班的生活教室，给刚入园的孩子一种安静又不失生机的视觉与感受；三楼的粉橙色适合中班孩子的活泼与自主；一楼的蓝色又为大班孩子的大活动量、独立、好动提供了宁静、严谨的色彩暗示。

充分挖掘幼儿园现有的环境资源，围绕"阅读、悦读"的办园特色，自己动手设计、创建了每个楼层的公共区域。

门厅的家长阅读区：利用门厅，为家长提供了一个自由、开放的阅读场所，家长可以在这里自由翻阅各类关于家庭教育的书籍，可以和孩子一起休闲阅读。

幼儿园文化休闲区：利用一楼走廊的尽头，创建了宣传幼儿园文化、活动的休闲区，家长可以在这里利用等待孩子的时间了解到幼儿园近期开展的班级活动和大型活动；走廊另一头的"故事小剧场"为孩子提供了讲述和表演的场所。

亲子阅读区：在三楼走廊，为家长和孩子提供了一个温馨、自主的阅读天地。这里有各种孩子们喜爱的图画书，也是家长和孩子们最喜爱停留的空间，每天都有很多孩子在这里不愿离园，每天都可以看见家长和孩子共同阅读的身影。

二楼为孩子们创建了两个创意空间——"巧手吧"和"色彩吧"：在这里，孩子们可以展开想象的翅膀，心有多大，舞台就有多大。

四楼是民俗风情体验区——民俗体验馆和音乐表演馆。我们将民俗风情与音乐表演相结合，孩子们在这里可以穿上各类民族服饰进行表演和体验，也可以动手制作各种民俗饰品；家长可以在这里了解更多的民俗知识，和孩子们互动。

建构天地：利用五楼的角落空间，教师自己动手制作手绘墙，这温馨、漂亮的空间，为孩子们的奇思妙想提供了可以飞扬的空间，孩子们在这里变成了建筑天才。

2. 提升幼儿园课程管理质量

（1）背景分析

我园的师资队伍虽然年轻充满活力，但是骨干教师在数量和质量上远远不能满足需要。目前尚无中高及以上职务的教师，专任教师中有49％的新教师处于不到五年教龄的职初期，需要全面、全程地进行任职基础的带教和培养。一部分教师对幼儿园一般的常规性工作基本能够完成，但个人专业发展的主动性、迫切性及对专业的敏感度、课程的执行力尚不到位，在一定程度上影响着保教质量的提升。另外，作为示范性幼儿园，教师中的领军人物在区内尚未达到一定的知名度和美誉度。

课程管理一直以来并未重点提出，确实需要研究和进一步着力深化。幼儿园尚缺乏一整套规范的课程实施和管理方案；也未能在具体操作的层面上形成相关的配套制度和评价、考核标准；对课程资源库的建立从思想和实践上还没有真正认识并落实；幼儿园课程的"特色"彰显不够；课程的框架结构及平衡程度在科学性、合理性、有效性和操作性上需要审视、研究和再建构。课程内容的选择、各课程板块之间的关联、课程的管理和评价研究等问题需要深入推进。

现有的资源与老百姓享受优质普惠学前教育的需求以及与幼儿园发展需求之间的矛盾，也在一定程度上影响着发展的品质。

（2）园本课程发展阶段

①初步准备阶段

2010年开始，我园加入了"贵州省适应性课程"建设项目，参与了部分教材的编写，全园教师共同参与了适应性课程的实践，以适应性发展课程倡导的"以幼儿发展为本"为核心理念，面向全体幼儿，尊重个体差异，满足师生后续发展需要，使幼儿园成为促进幼儿全面和谐发展、文明自信、健康成长的乐园，成为教师自主成长的家园。在课程实施阶段，我园积累了共同性活动、选择性活动以及主题活动开展实施的有效经验，形成了园所的教学风格，初步建立了主题课程的资源包，为后期的课程建设奠定了理论基础和实践基础。

②阅读特色形成阶段（2011年—2014年）

2011年开始，我园确定了以"阅读"为目标的办园特色，同时开始沿着创建书香幼儿园的方向摸索前进。2011年到2014年，我们以环境创设为出发点，开创亲子阅览室、好书推荐栏、楼梯连环画展、优秀绘本封面展、我会说、我会读等公共空间；开展了大量的教学活动和亲子活动：睡前饭前故事会、国旗下讲故事、邀请早期阅读专家来园讲学及绘本阅读示范教学活动、亲子阅读节、参观图书馆、家长阅读助教、亲子故事表演、故事大王、阅读之星、快乐读书家庭、好书大家看、教师讲故事……形成了我园自我的"阅读"风格，也为幼儿园的管理发展和课程发展找到了方向。

③园本课程积累阶段（2014年至今）

2014年开始，随着"幼儿园三年发展新规划"的制定，我们开始着手制定幼儿园的课程实施方案，将新的园所目标、教育目标和幼儿园的课程紧密联系，将多年沉淀的课程资源进行梳理，成立了幼儿园课程开发领导小组，由园长带头，骨干教师参与，开始打造幼儿园自己的园本课程，建立幼儿园的园本资源库。

2014年底申报了区级课题《家庭教育与儿童阅读习惯养成的指导策略研究》，开始将阅读工程推入家庭，利用课题研究进一步促进家庭阅读指导。短短一年的研究，我们获得了以下成果：

第一，创建"随处可阅读"的教育环境。

围绕"筑多彩世界，习生活智慧"教育理念的整体规划，我园从大环境到小环境、从显性环境到隐性环境，创建了多处可以"随时阅读、随处阅读"的阅读区域和墙面环境，既相对独立，又相辅相成。从入园门厅竖立的"大书"开始，每天引领着我们步入书的海洋；侧面长廊的墙面会定期推出适合幼儿的"绘本推荐"，适合家长的"家教书籍推荐"；每层楼都设有公共阅读区，提供着家长和幼儿阅读的各类书籍；走廊和大门外的墙面用绘本呈现的方式张贴着优秀绘本连环画；各类安全标识也都用图画和连环画的形式呈现，便于幼儿阅读。利用环境，幼儿园做到了提供适合所有人都可阅读的环境，形成了浓厚的书香文化氛围。身处如此优美的环境中，潜移默化地引领家长和教师用书籍开启幼儿的阅读兴趣，养成良好的阅读习惯。

第二，创建班级阅读环境，发挥班级书香文化宣传功能。

幼儿和家长每天接触最多的是班级，因此班级阅读文化的创建是园所文化的连接站。在课题组的引领下，将各班级的阅读区重新进行了审视和改造，将阅读区的功能扩大，氛围变得更加温馨有趣。

课题组教师进行了多次研讨和尝试，总结出的经验为：

绘本要分类投放，定期更换；越小的孩子越喜欢立体图书、有声读物；

科普类的图书要有主题地分阶段投放；大班开始可以投放工具书，但是要与生活、教学经验相关，如食物的制作、手工制作、植物种植等；图画书除了可以投放在阅读区，还可以投放在各功能区；结合班级主题活动投放相适应的图画书。

书上要有便于幼儿辨认的有效标识，这是帮助幼儿建立良好阅读习惯的渠道之一，设计适合幼儿年龄特点的标识也是班级阅读环境创建的关键之一。在图画书的陈列上，教师用"图示对应"的方法进行排列，小班幼儿用形状对应，中班幼儿用颜色和数字对应，大班幼儿用数字和文字对应。在各班制定阅读区域规则时，我们让幼儿成为制定规则的主体。教师和幼儿共同探讨阅读区内应建立哪些规则，之后再发动幼儿一起制作规则说明图张贴于区域内进行提示。由于幼儿存在年龄差异，在制作规则说明图时，教师还应采用不同的指导策略。

创建温馨有趣的阅读环境。一个好的环境能引发幼儿的阅读兴趣，柔软的地毯、靠垫可以让幼儿处于舒服、放松的环境。用透明的纱幔、半透明的屏风创造出一个独立、半封闭的阅读环境，可以减少外界对阅读的干扰，幼儿也非常喜欢这样的独立空间。

带动家庭参与共同阅读。在班级中开展每周借阅或者自由借阅制度，由家委会进行管理和组织，将阅读空间扩大到家庭。幼儿在家里阅读后，将自己的图书带到幼儿园与同伴交换，扩大图书资源。

在家长中每周开展好书推荐活动，增加家长的阅读量，也将一些好的阅读习惯展示出来，起到了带动作用。

随着班级各项活动的开展，幼儿对图书的兴趣更浓了，也逐渐养成了阅读习惯，更加爱书、惜书。随时可见幼儿拿着书阅读的情景。

第三，亲子阅读月活动。

此项活动从 2011 年开始举办，每一届都会有不同的主题和形式，幼儿越发爱上图画书、爱上阅读、爱上听故事、爱上表演故事，也让家长逐渐理解家庭教育对孩子阅读习惯培养的重要性，家长对孩子的有效陪伴与隐形指导是孩子建立良好阅读习惯的关键。

第四，成立"故事爸爸妈妈社团"。

我们定期邀请特色专家来为家长做讲故事培训、朗诵技巧等专业技能的培训，并在全园以各种形式为家长开展讲故事、朗读绘本等活动。全园从首次招募的故事社团成员 28 名，短短一个学期发展到现在的 35 名。至今家长讲述的形式也越来越多样，进班讲故事、录音故事、视频故事、亲子故事、广播故事……家长从初次的羞涩到现在的开朗大方、有声有色，讲故事的兴趣、热情和技能都有了很大的提高。

第五，成立了"萌宝爱说团""小喇叭广播站"。

发展幼儿的表达表现能力、社会交往能力，让每位幼儿都有机会敢于表现、敢于表达。我们每年招募"爱说的萌宝"，定期培训，并让其完成幼儿园的接待观摩小导游、萌宝故事时间、萌宝小主持等任务，让幼儿在实践中得到锻炼和发展，同时也吸引了更多的幼儿加入社团。

（3）课程理念

"培养有能力的孩子"是我园课程的核心理念，为幼儿提供平等的体验和发展机会，实施快乐的游戏教育，为幼儿的健康人格的奠基。为此，我们用形象表现理念，让理念融于形象，让幼儿园的宗旨目标融于课程，用课程达成幼儿园的教育理念。

（4）课程结构

以主题模式实施课程；以共同性活动与选择性活动架构课程；在主题课程中融合幼儿园特色课程，利用各类活动促进幼儿园的特色发展。

（5）课程设置与内容

①共同性活动

共同性活动是幼儿园的基础性课程，以《幼儿园教育指导纲要》《3—6岁儿童学习与发展指南》为依托，主要包括一日生活中的生活活动、园本悦读主题活动、园本阅读活动、班本主题活动、社会实践活动。

生活活动：盥洗、餐饮、睡眠、入离园等。

园本悦读主题活动：开展凸显"阅与悦"，促进幼儿听说读写、表达表现、拓宽视野的活动，带领幼儿探究、探索，对文字、图书的拓展延伸有兴趣。

园本阅读活动：将各类图画书融于主题活动，提高幼儿的阅读水平。

班本主题活动：可以借用园本主题的活动，也可以根据本班的实际资源和特点，开展幼儿感兴趣的主题活动，彰显班级个性。

社会实践活动：充分利用家长资源和社会资源，与园本主题和班本主题相结合，开展有意义的实践活动，促进幼儿实现多领域的发展。

②选择性活动

选择性活动是个性化活动，既然是选择，就要保证不同孩子的学习兴趣、学习能力、学习速度和学习方式。选择性活动以班级活动区游戏为主，户外体育选择性游戏、户外自由游戏、各类社团活动、幼儿园大型活动等都是后来才提倡的，下文仅提及班级活动区游戏。

班级活动区游戏：为不同年龄段的幼儿创设不同领域的游戏，投放适宜的材料，创建适宜的环境，让幼儿在环境中学习，在材料中互动学习，激发幼儿的自主学习能力，注重幼儿的计划性学习，运用高宽课程理念，相信孩子自主学习的能力。

（6）梳理课程资源成果

经过全园教职员工两年的努力，目前已经初步形成了园本课程资源包。

悦读建设成果：悦读课程管理篇、悦读课程教师篇、悦读课程亲子篇、悦读课程家长篇。

悦读主题课程：小班"我喜欢书""我的书"；中班"图书汇""图书工厂""点点点"；大班"有趣的汉字""成语 PARTY"。

其他主题课程："我们的城市""恐龙世界""小花伞""鹦鹉多多""好玩的水""我上幼儿园""圆圆的世界""虎头帽""可爱熊猫"……

游戏案例资源：《活动区游戏案例集》。

早期阅读教学研究成果：《理想课堂建设案例集》。

家庭教育培训资源：《家长阅读培训方案集》。

3. 促进教师队伍优质化发展

对教师队伍的打造可谓用心良苦，如果没有有能力的师资队伍，如何培养有能力的幼儿？因此，我园根据具体情况进行了教师队伍的打造，期待通过培养，涌现出更多优质的幼儿园教师。

建园至 2000 年，本阶段主要服务于铁路局。在铁路管理中，幼儿园属于后勤部门，生源也主要是来自铁路局职工子女。基于铁路局双职工子女的特点，师资队伍的培养与发展呈现出典型的铁路特色，比如：很大一部分教师来自铁路一线，他们曾是列车员、养路工、车辆段的后勤工人、车站的服务员等，加上一直以来对幼儿园工作性质的理解定位，幼儿园俨然成为铁路局部分领导解决困难或者照顾家属的地方。

2000 年至 2011 年，这是一个新老园舍、新老实验三幼人共同努力的阶段。随着园舍的重新修建投入使用，随着铁路局的主辅分离而划入云岩区教育局管理，在教师队伍的建设上有了较大的变化。

从 2006 年开始，我园有了新鲜血液的注入，每年都会由云岩区招聘新老师进入幼儿园，充实壮大师资队伍，让师资队伍中逐渐有了科班毕业生的身影，为我园的工作注入了应有的活力。

从2007年开始，我园的管理班子里有了年轻保教主任的加入，管理层的工作有了更加明晰的分工合作，管理效率大大提高。

从2009年开始，我园教师"老带新"彩虹实施方案得以启动，开启了我园自主培养教师的崭新阶段，让老教师的能力彰显，通过师傅的传、帮、带，让新教师少走弯路，从而尽快适应幼儿园的发展要求。

另外，在本阶段中，我园教师从在铁路管理时只能远观地方教育部门的活动，到能够成为主角参与云岩区各项幼儿园活动、各类培训等，真正从后勤转到了前台，站在了教书育人的舞台上。

2011年至今，随着幼儿教育受到重视，我园的发展进入了快车道。各级国培项目的开展，也让我园再一次有了华丽蜕变。

2011年11月26日至12月26日，园长代表贵州省参加了中华人民共和国教育部首届幼儿园骨干园长培训班，聆听了专业的知识讲授，参观了先进的幼教发展园所，增强了发展幼儿园的信心和动力。

随后，管理团队的成员和教师也在各级各类的国培、省培、市培项目中，畅游在知识与实践的海洋中，不断提升专业素养，让幼儿教师的称谓不再停留在只会唱跳的阶段。

幼儿园的管理层真心聆听教师的成长与发展需要，打造适合各类教师成长与发展的环境，提供尽可能多的平台，让教师在各类活动中实现自我成长，自主发展焕新颜。

随着园本课程与班本主题课程的提出，打造了教师专业成长的空间，所有教师都有参与课程的权利与义务，与家长、幼儿一道建构我园的多彩的主题课程，体验参与的快乐、成长的快乐。

本阶段的教师年轻、有活力、有智慧，在幼儿园不断更新的"老带新"彩虹计划（除了日常半日活动的带教，还增加了新班主任带教、新保教主任带教以及特色活动带教）中，还开启了教师的"分层管理"培养模式（分为新教师、适应期教师、成长期教师、经验型教师和创新型教师），让教师有自我提升的自主愿望，让教师的成长被看见。

总　结

　　本章是我迈向一名成熟的省级名园长的心路历程。在复结构管理阶段，《3—6岁儿童学习与发展指南》成为我们科学开展保教工作的指南针，云岩区第一幼教集团的组建，为我们的集约化发展提供了契机。自己亦在其间得到进一步的提升，本阶段的管理成长手记、办园思想梳理、出版的专著，以及出任国培主讲教师、成为省级名园长主持人、荣获教学成果奖等均能有效说明。

聆听穿越时光的回声

——我的管理成长手记

世界上有条很长的路叫梦想，还有堵很高的墙叫现实，但我的名字叫青春，追风赶月不停留，平芜尽处是春山。

梦想与现实结合是何其有幸的事情，在从事幼儿教师的这十六年中，能与实验三幼为伴、与梦想为伴、与幼儿为伴、与幸福为伴，青春岁月中充盈的是欢愉与收获，在龚燕园长的引领下从一名班级管理者发展为园所管理者，让我在此刻回望时不停浮现着这些年的成长点滴，聆听着穿越时光的回声。

——没有一朵花，从一开始就是花。

我们常常会认为陪伴幼儿成长是一个静待花开的过程，但有没有想过教师的成长也需要陪伴，也需要等待？在从事副园长管理工作的今天，我深信没有所谓的"好老师是天生的"这句话，需要良师益友在陪伴、等待、滋养的过程中让教师成为独一无二的花，让她绚烂地绽放，因为我就是这样一朵曾经不确定自己是否能开放的"花"。

在最初担任幼儿教师时，我最常问自己的就是："我真的适合这份工作吗？幼儿园工作怎么和我想的不一样？"不受控制的孩子、难以沟通的家长、生涩不明的工作，许多问题摆在了一个刚出校门的教师面前。我很怀疑自己的梦想，甚至否定了这份梦想，别说"绽放"了，我认为自己是不是根长错了地方的"草"，这本不该是我要待的地方。当梦想受到现实冲击时，年轻的我没有想过是不是自己对梦想的认识有误，或实现梦想的能力不足，满心只有放弃和逃避。并且，这样的困扰是许多年轻教师都经历过的，我见到过在"彩虹计划"汇报环节崩溃大哭的 Z 老师，也见到过在办公室啜泣想放弃工作的 H 老师。在这个阶段，这些老师的眼中是没有光彩的，他们回避领导、回避同事，甚至会回避孩子。在与龚燕园长的一次书信交流后，她用行动让我知道了管理是动态的、是流动的，在因材施教的幼儿园中对教师的管理也应是因人而异的，用她的话来说，便是"一枝独秀不是春，百花齐放春满园"。

是呀，没有营养的土壤，如何能让一朵花积淀绽放的力量？作为历经过成长的管理人员，我想一定要为教师的成长提供一片爱的土壤，它和对待幼儿是一样的，需要关注、包容、尊重、支持和放手。当你说出一件通过观察发现的教师处理得好的教育事件或行为后，你会发现教师的眼神会变得很认真，因为她非常渴望从你的口中了解自己、得到肯定。当你克制情绪，包容了一件教师没有处理好的问题，并且帮助她找到解决方法时，你会发现教师会积极践行，用自己的最大能力处理好接下来的问题。当你提供方向，鼓励教师思考行动并尊重她的想法时，你会发现教师有自己的思维，并愿意为之付诸实践。当你适时为教师提供支持时，你会发现教师能快速学习，主动弥补自己的问题短板。当你敢于放手，愿意将一些决策交给教师时，你会发现她主动积极、敢于担责。

在幼儿园发展迅速的今天，有管理人员说"节奏太快，我没有这么多时间等待"，但是，成长这件事是无可替代的，不经历"春华"如何能得"秋实"？没有一朵花从一开始就是花，也没有一朵花到最后还是花。请让教师成为花吧，请让她努力，最终绽放为最美好的样子。

——初心在最开始的时候，往往简单朴素。但是它会慢慢长大，就像一颗种子能够长成参天大树，又仿佛站在零的起点慢慢绵延成很长很长的道路。

在选择幼教之初的梦想是和孩子、和快乐在一起，现在以管理者身份用另外一种方式陪伴孩子是我在一开始没有想到的。当身份与角色发生转变时，是龚燕园长的话给了我一份初心，她告诉我："管理人员就是为教师和孩子服务的。"这句话看似简单，但要做好并没有那么容易。因为服务是一门艺术，除了自己对业务知识、业务技能要熟练掌握之外，还要以服务对象为中心，让他与你心相通、话相投，不断提升信任度和满意度。当一名管理者把服务作为目标而不是把指挥作为目标后，你会发现这样的工作变成了一个互相成就的过程，它重在发展的过程而不是直接的结果。

记得 2019 年有一项国培申报的挑战，需要自己撰写项目申报书，规划出面向河南省各地的幼儿园骨干教师为期一个月的国培内容。当龚燕园长将这份构想交给我来完成时，一个巨大的压力来到了我面前。我突然和 5 年前第一次面临课题研究一样，感到陌生又棘手，甚至连续失眠。比起关心项目进度，龚燕园长却更关心我的自身情况，详细询问了我的困难与需求，为我邀请了幼教专家一对一指导，纾解工作压力，让我轻松上阵，还送给了我一个改善睡眠质量的枕头，从心理、工作、生活上都提供了最大的支持。我突然想到了清华大学梅贻琦校长普通又温馨的话："大学校长就是给教授搬椅子的。"这句话道出了他对管理者服务意识与理念的通俗理解。是啊，面对这样全心为你服务的管理者，你能做的就是担起信任与责任，不断努力前行。很高兴，这次的挑战我们共同经历并通过了，它成了我这一生都能引以为傲的经历。

在今年又有三名教师从班级转到了管理岗位，在教学例会中三人纷纷表示有些忐忑与不安，不确定自己能够做些什么，怎么做。我非常自豪地将龚燕园长给我的这份初心分享给了他们："管理人员就是为教师和孩子服务的。"多了解教师与孩子的需求，多站在他们的角度考虑我们的决策，不做一个发号施令的管理者，尝试做一个善于服务的管理者，多回头看看、想想："我提供服务了吗？我服务好了吗？我还可以怎样服务？"对于我们这些年轻的管理者而言，这条路还很长。

——想要向上生长，必先向下扎根。

不积跬步，无以至千里；不积小流，无以成江海。任何人的强大，都是在积累到一定程度后，由内而外蜕变的。走向目标的路上，每一步都很重要，不断去做事、去实践，你终会完成人生的进阶。

在龚燕园长陪伴我成长的过程中，站在我的角度，也是我见证她成长的过程。我的记忆都有些模糊了，不知道是从什么时候起，那个不出园门、严肃查班、教研不爱点评的园长悄悄有了变化。她周末的时间总是被共读和备课占满，甚至同时参加三四种不同类型的学习，这个工作量是常人难以接受的，因为这就代表着你会牺牲掉非常多属于自己的时间，但是她坚持下来了，并且这一坚持就是若干年。直到贵州省名园长的认定到来，为她这些年的不断积累给出了答案，是的，终身学习、知行合一不仅是教师和管理人员的口号，还应该践行在实际工作中。我非常喜欢这样闪耀着智慧和生命力的管理人员，她让我感到与优秀的人同行就是一场修炼。

一名年轻的管理人员，如何让自己也优秀起来？我想最终还是得益于把握好每一次能够学习的机会，珍惜并将它转化为实践。2014年的一次跟岗最让我记忆犹新，能通过贵州省教育厅的国培项目，去到全国闻名的梅林一村幼儿园进行为期一月的跟岗，让我收获了至今都值得不断研究和实践的经验。看到少量的笔头工作和大量的观察反思，幼儿的自主自信和教师的放手尊重，这样的教育样态让那时还只知大面积实施集体教学的我感到震撼。"怎样才能像你们一样？"我记得座谈会中我这样问姚园长，她微笑着跟我说："我们经过了十多年的改革和研究，它是无法复制的，不过你不要担心，只要你们坚持研究，就一定会理解和实现我们这样的教育。"因为看到过，所以我坚信可以实现，因为感受过，所以我坚持朝这个目标前进。关于在一日生活中的自主与放手，从那时起我就把它放进了我的学习内容中、我的讲座分享中、我的教研内容中。贵阳市幼儿园一日生活改革文件下发的那天，我们就积极投身到了改革研究中，我想，没有比现在这个时候更能让我们接近梅林一村的了。有管理者跟我说："这个改革和自主游戏肯定是做不长的。"但我不这么认为，因为在我的学习与实践中，促进幼儿主动学习、自我管理和发展一定是一条可以走并且方向正确的路，自主不仅存在于游戏中，自主游戏也不仅是一种手段，它更是一种教育的精神，值得我继续实践。

学习与践行是管理者的一种修行，我不确定自己能像这些优秀园长一样，但是我相信，只要着眼教育当下，坚持教育方向一直走下去，我就一定可以蜕变。

——目正、行正、心正，就是德。

如何评价一名管理人员的成绩？有人说首先他要以德服人。那何为德呢？人是唯一有价值观的动物，而"德"就是价值观。在汉字中，"德"分成了几个部分，中间有一个大大的眼睛，下面是一个心脏，左边是行走的意思，最上面的一横一竖代表着正。"德"合在一起就是要目正、行正、心正。

眼睛代表着远见，园所的发展、教师的发展、儿童的发展，如果缺乏理想与愿景，那这个团队永远是一潭死水。记得最初进入实验三幼时，实验三幼在区内还是一所名不见经传的幼儿园，顶着企业转地方的帽子，各类评优、评先、评课常常靠后，只能作为参观者去到区内各家有特色的幼儿园观摩。说句实话，作为一线教师，我很羡慕那些走在前面的幼儿园，而我并没有这样的经历，这使我去参加区内培训观摩时会习惯性地躲在一个角落。2013 年，龚燕园长吹响了省级示范的号角，我只能跟着园所一起开始了奔跑。用现在的话来说，就是实验三幼开始"卷"起来了，可能有些教师或者管理人员都没有意识到为什么要"卷"，但是作为在实验三幼这"黄金十年"成长起来的管理人员，我很清楚，因为我获得了一份强大的底气，实验三幼在区内各类评比中霸榜、成为大家口中"人才的摇篮"，不仅在区内，甚至在省内外也有一席之地，成为许多幼儿园前来观摩的首选……这样的变化是在十年之前没有想到的，当贵阳市第三实验幼儿园不仅仅是一个名字，而成为一张名片时，园长的"目正"，远大的理想，为园所的航行把稳了方向。

说到"行正"，可能你会首先想到管理人员要遵规守矩、以身作则，是的，管理人员是制定规范的人，也是遵守规范的人，如果自己制定的行为规范自己带头破坏，将极度影响教师的情绪。除了遵规守矩外，我想，行正还有一个意思就是有本领能执行。管理者的本领需要修炼，因为它不在我们学校学习的范围之内，它需要我们在认知中跨越舒适区继续学习，包含了对人、事、物的各类管理。在和龚燕园长交流时，我常常会感叹："不行，我觉得我一定当不了园长，特别是看你当园长，我更觉得自己不行。"这份不自信很多时候都来自关于"行正"的修炼不够，这也是目前我仍然缺乏的，作为年轻的管理人员，这是我必须经受的修炼。

最后一个"心正"，它所指的是管理人员勇于担当、心怀祖国。选择教师这项职业本来选择的就是一份担当，特别是管理人员在管理中更要具备这份担当。在跟龚燕园长学习的过程中，我所看到的是，园长不仅在各类名册中排名第一，更是创新实践中的第一人、一线劳动中的第一人、学习示范中的第一人，就是有这样的担当精神，才让管理教师愿意信你、听你、跟你。

关于德中的三个"正"，其实习近平总书记的党的十九大报告中已经囊括，就是九个字：有理想、有本领、有担当。

——不要只在山下看山，要走到山顶来。

在担任管理人员的这些年，每到干部的自我批评环节，第一条被提出批评的总是"该同志政治学习不够，希望能向党组织多多靠拢"。就个人而言，我并没有认为这种批评给我的教学管理带来过什么困扰。直到今年，我有幸成为贵州省第十三届政协委员，参与了政治协商、政治学习、建言献策工作，我突然就变得像刚刚入学的小学生，才接收到各行各业的信息和情况，而大家都在国家大政方针下，努力探索与实践，做出了许多的贡献。所以，不谈政治能做好教育吗？不行。为谁培养人？培养什么人？怎样培养人？如果我们弄不清这些关键问题，那我们的方向、行动、结果都是会产生偏差的。

在党的二十大学习的开班仪式上，一位领导就语重心长地告诉我们："同志们，不要只站在山下看山，到山顶上来，看清山的全貌。"延伸到教育的管理中，带来的启发便是我们不能只停留在固定的评判标准中，应该把握好党和国家的政策、需求、问题，用有高度的眼光做有深度的教育。因此，现在再用同志们跟我提出的这条"政治学习不够"来看待教学管理，它一定是有影响的。就像带领教师进行课题、教育教学成果等的研究，脱离了党和国家的育人方向，这些研究就是不具有意义的。这座山我不仅要爬，还要抓紧向上爬。

碧草如酥处，繁花锦上时，彼岸梦想，此岸青春。坚持着初心，与优秀的前辈同行，边行走边回望，点滴记录我的成长与收获，将所见、所闻、所思全部转化为行动的动力。我应该选择坚持，就像种子在坚持后有了破土的光明、幼虫坚持后有了破茧的起舞。嫩草不惧寒，于蝶舞翩跹处，我自奔跑，我自铿锵。

（本文作者：贵阳市第三实验幼儿园副园长　石梦月）

如果我是庄稼

如果我是庄稼……

如果实验三幼是那肥沃的土地

龚燕园长就是农业科学家

能让种子硕果累累

那么，我就是那硕果累累的种子

如果实验三幼是那广阔无垠的天空

龚燕园长就是放风筝高手

能让风筝飞得又高又远

那么，我就是那飞得又高又远的风筝

如果实验三幼是那美丽的庭院

龚燕园长就是阳光

能让花儿开出艳丽的色彩

那么，我就是那开出艳丽色彩的花儿

还记得 2006 年，一脸懵懂的我踏进实验三幼，感受到的是温暖与热情，这里的每一位教师都面带笑容，每一位教师都在我需要帮助时积极伸出援手，使我很快便建立了归属感。我想，这就是一所幼儿园园长管理水平的体现。在我的归属感建立以后，我慢慢了解到，原来幼儿园管理不仅是帮助教师建立归属感这么简单。龚燕园长在管理中特别注重教师队伍的建设，她会要求每位教师撰写三年规划，并一对一地对每位教师的规划进行指导，对每位教师进行分层管理，充分发挥每位教师的辐射作用，有针对性地开展老带新的"彩虹计划"。作为受益者，我想从我职业生涯中的三个阶段，就龚燕园长对我的带教过程，谈一谈我的感受。

从新教师成长为班主任的阶段

龚燕园长提倡的彩虹带教计划，对于幼儿园各个阶段的教师的成长有着具体、针对性的指导作用。在新教师时期，我相继拥有了两名师父，我们签订了带教协议，之后我的师父们充分和我交流，了解我的专业现状，分析我的强项与弱项，根据带教要求，从实际出发，和我共同制订了带徒工作计划。按照计划，师父们要对我组织幼儿一日活动各个环节的方法、要求进行指导。

曾经，我的眼睛里面看不到全部幼儿，总是管得住这几个幼儿，就无暇顾及其他幼儿，总是用大声吼来压制幼儿的大声交流，总是用死板的要求来让幼儿坐好或是听课。我的师父用言传身教告诉我，管理好幼儿的常规其实有很多方法。对于关注全体幼儿的问题，她告诉我教师的站位非常关键。例如，当游戏结束时，幼儿分批次去洗手，然后教师站在活动室与洗手间之间，这样既可以兼顾在活动室的幼儿，也能兼顾在洗手的幼儿；幼儿吃完东西时，先吃完的可以在教室门口自主安静游戏，教师可以站在活动室门口，关注和提醒未吃完东西的幼儿，同时兼顾吃完东西的幼儿是否在做剧烈运动和不安全的动作等。针对压制幼儿声音的方法，师父说，可以试试小声地说，幼儿会好奇教师究竟在说什么，从而安静下来；相反，如果我大声，幼儿反正也能听见我在说什么，就不会停下和同伴的交流。用师父的方法真的非常管用，慢慢地我发现，当我变换着大小声和幼儿讲话时，他们的注意力就会更加集中。在活动中，总有一些小朋友注意力不集中，师父说，当幼儿对活动不感兴趣时就会不听，那么怎么样才能吸引幼儿的兴趣呢？最好的办法是在教学活动设计时以游戏为主，紧扣目标设计层层递进地提问。当我一次一次地实验、反思后，发现只有幼儿不感兴趣时，才会在活动中干别的事情。

我的师父还鼓励我积极参加一课三研活动。那时每隔一周就会有一次语言优质课研讨，我作为上课教师，在上课前总感觉活动应该很不错，结果上完以后，面对听课教师的专业提问，我很多都答不上来，每每以哭鼻子和下来再翻看语言教学法去找答案收场。而我的师父就会充当我的知心姐姐，听完我哭，帮我一起反思。现在回想起来，那段时间是我破茧成蝶的一小步，虽然过程中苦了点，但对于一个刚毕业的幼师来说，是一个将理论和实践结合，提升自己专业能力的非常关键的时期。如果我一开始工作就非常自满，我可能会成为一名不爱学习的教师。庆幸的是我拥有那么一段又苦又有成就感的经历，让我感受到了终身学习是什么意思，为什么要终身学习，也使我深深地感受到了反思对于教师成长的意义。

从班主任成长为年级组长的阶段

成为班主任后，我非常荣幸，龚燕园长成了我的师父，她主要从班级管理、家长工作、班级活动组织、班级环境创设等方面，有针对性地对我进行指导。通过龚燕园长的指导，我获得了许多荣誉，如新秀奖、优秀班主任称号等。

还记得龚燕园长告诉我，要管好一个班，首先要管好人，即管理好我的搭班教师、保育员、幼儿和家长。

我应该和搭班教师、保育员成为朋友，相互之间要团结协作，对幼儿教育、班级环境创设、家长工作等问题必须达成共识，这是管理好这个班的基础，也是这个班级今后会成为一个怎样的班级的关键。三个人如果达不成共识，工作就会不愉快，就不可能把班级的其他工作做好，就会让幼儿不知道听谁的，家长会听到对同一件事的不同解释，而产生许多的误会。

在带教过程中，师父教会我，若要管理好家长，就要学会分析家长的性格特点。针对不同性格的家长，针对家长对孩子不同的期待，和家长交流沟通时就可以选择不同的方式。例如，家长非常关心孩子的吃饭问题，教师可以主动和家长交流孩子吃饭的问题，而如果家长非常担忧孩子吃饭的问题，教师总是避开吃饭的问题不谈，或者当家长问教师孩子今天中午吃饭怎样时，只以简单的"今天吃得很好"来敷衍，时间长了，家长就会觉得教师不关注自己的孩子，不爱自己的孩子，教师就很难再取得家长的信任。事实上确实如此，我们有位家长对孩子吃饭慢没办法，特别担心孩子每天是不是都吃冷饭，但家长也不知道孩子到底为什么吃这么慢。我谨记师父说的话，仔细观察孩子一段时间，告诉家长，孩子吃饭是认真专注的，吃饭慢的原因是孩子不用恒牙咀嚼，只会用门牙咀嚼。我很自信地把这个发现告诉家长，家长回家观察后非常感谢我和她的交流，我们一起配合教会孩子用恒牙咀嚼，后来这位家长每次都非常愿意配合教师。

在孩子的管理方面，龚燕园长告诉我，一个班级的常规和文化形成非常重要，这些都是要和幼儿一起约定的，不是教师单方面制定的，只有和幼儿一起约定了，幼儿才会真正愿意遵守。我的师父不仅仅告诉我怎么做，还会抽时间观察我，然后告诉我需要改进的地方，对我提要求。师父对我说过一句话，她说："我觉得你现在最大的问题是不太会观察幼儿，你需要提升观察幼儿的能力，这样你才能更加了解幼儿，从而支持班上幼儿的发展。"说实话，当时我很不服气，我怎么就不会观察幼儿呢？我每天都在观察幼儿，幼儿每天干什么我都知道啊。后来，师父每次看到好的文章、好的公众号就会推送给我，还让我把写教学反思改成写学习故事，写学习故事的这些年我才真正懂得，师父当初为什么说我不会观察幼儿。正如师父说的，我之前确实不会观察幼儿，我看似知道幼儿在做什么，但知其然不知其所以然。开始写学习故事后，我养成了用欣赏的眼光看待幼儿的习惯，善于发现幼儿的闪光点，并且养成了观察幼儿的行为、分析其行为背后的原因以及思考对幼儿的下一步支持的习惯。到后来我开家长会时，我可以自信地告诉家长："孩子虽然是你们的，但我对他们的爱不比你们少，你们问我关于孩子的任何问题，我都能答上来，孩子的习惯、兴趣、爱好，每天在幼儿园干什么，我都能说得很详细，说不定我比你们还了解孩子。"当我敢这么自信地告诉家长，我班的教师也非常了解孩子，家长和我们聊到孩子确实对教师非常信服时，当班级活动的开展尊重幼儿，由幼儿决定，家长积极配合，甚至主动申请到幼儿园帮忙进行环境创设、协助开展活动时，这样的班级能管理得不好吗？

龚燕园长一直觉得：要想做好"传、帮、带"工作，首先要做到言传身教，率先垂范。她一直严格要求自己，处处以身作则，起到示范表率作用，用认真严谨的工作态度，过硬的工作功底，轻松幽默的风格，不断影响着我。她对我的指导可以说就像对待孩子一样，欣喜于我的每一步成长，并且给予我充分的信任与指导，让我在面对困难时没有退缩，而是勇于上进，让我的专业得到大跨步式成长。也正是由于我专业能力的提升，加上分园的扩建等，我有幸成了一名年级组长。

从年级组长成长为保教主任的阶段

在龚燕园长的悉心指导下，我成长得非常快，也对年级组长这样一个新的角色充满自信，我相信我一定能做好年级组长工作，因为我有一位非常专业耐心的师父。刚开始，我不知道怎么组织教研活动，只能凭借参加教研活动的经验，第一次撰写了教研活动方案交给师父。请师父指导时，师父耐心地告诉我，教研活动不是我想当然拟一个题目就可以组织的，而要立足于年级组教师的需要以及年级组最近存在的共性问题，组织教研活动其实就像上好一节集体活动课一样，必须先备教师，制定恰当的目标，然后设计环节，层层递进地达成教研目标。师父这样一说，我感觉教研活动也不难，于是，我大胆地设计教研方案，反正有什么不恰当的，师父会帮我提意见，而且在教研过程中，师父也会旁听或者参与，就像听集体活动一样，结束后会把我在教研过程中表现得好和做得不足的地方提出来，与我讨论调整方案，等等。

身为年级组长，有一项挑战对于我来说更难，那就是大型活动的组织，比如年级组运动会、读书月活动。每一次活动不仅要做好方案，还要协调每一个班级、每一位教师做好活动准备，在活动中分工合作。我的师父告诉我，这其实也不难，可以让每一位教师甚至幼儿都参与活动的方案讨论中来，集思广益，一起讨论活动的目的、形式、流程、分工等，最终我只需要将大家的想法撰写成方案。因为方案是大家制定的，所以我只需要让大家再次确认自己的分工即可。刚开始按照师父说的做以后，感觉活动组织也没这么难，但是第一次组织大型活动总会有不足的地方，师父会在活动后和我一起反思。再之后师父还会专门给我推送一些大型活动组织的推文，让我学习别人的创意和想法，让我打开眼界，学会创新。后来每一次组织大型活动前，我会和师父讨论我的想法，得到师父的建议后再行动。记得有一次运动会的前一天，下早班的教师集体在黔灵山公园开展活动，五点半结束活动后，教师就着急往幼儿园赶，只为继续做运动会的前期准备工作。看着天快黑了却激情不减的教师，我感受到我们年级组的教师的凝聚力越来越强。这是我最有成就感的一点，也是我对龚燕园长、我的师父悉心指导我的最好的回报。

"一位合格的年级组长还应该关注自己班级，把自己班级管理好的同时带动其他班级成长。""你们班的环境没有问题，但是你今天去看看××班级的环境，墙都还是空的。"师父和我说的这些话让我意识到，一名年级组长不仅要组织年级组教研、年级组大型活动，还要提高自己的站位，学会关注整个年级组各班级教学活动的开展情况、班级环境创设情况，带动整个年级组一起进步、一起成长。还记得有一次，大三班班主任请病假，就剩一位新教师带班，这位新教师完全不知道怎么进行班级环境创设，于是我们开展了年级组环境观摩，并且组织年级组教师利用中午休息的时间到大三班帮忙进行环境创设。开始我还担心大家会有意见，没想到大家不仅没有意见，还非常积极地响应。师父告诉我，这就是平时对年级组各班级的关心的回报，其实教师是能够感受得到的，而且在我的带动下，大家非常团结，所以这种时候的集体荣誉感才会被激发，大家才会积极帮助新教师。这样一个团结的团队谁会不愿意要呢？

在龚燕园长的帮助下，我学会了提高站位，大局意识越来越强，管理教师的能力也越来越强。

总的来说，我的成长离不开师父的悉心指导，我从师父身上学到了很多方法，和我一起进幼儿园的新教师在带教过程中进步也非常快。我觉得龚燕园长在教师队伍建设中用到的师徒结对方法非常成功，对每个层次的教师进行有针对性的带教，让他们少走了很多弯路。师徒结对的带教方式加速了教师成长，减少了新教师漫长的成长过程中因教育方法、教育行为不当对幼儿发展的影响。

（本文作者：贵阳市第三实验幼儿园副书记　张婷婷）

第五章　素质教育　立德树人

芯结构管理，也被称为现代化管理，注重运用先进的信息技术和管理工具来提升幼儿园的管理效能和教育质量。芯结构管理强调信息化、数字化和智能化的管理手段，通过建立高效的管理系统和流程，实现教育资源的优化配置、数据的精确分析和决策的科学化。它将先进的科技应用于园所的日常运营和教学工作，提升工作效率，提供个性化的教育服务，并提供更好的教育体验和沟通方式。芯结构管理能够帮助幼儿园适应现代社会的快速变化和挑战，推动教育的创新和发展。

第一节　关于芯结构管理

芯结构管理是指在幼儿园教育管理实践中采用现代化管理理念和方法，以提升教育质量和促进幼儿全面发展的一种管理模式。它强调以幼儿为中心，注重个体差异和发展需求，同时充分发挥幼儿园组织的核心功能和作用。

一、芯结构管理的概念

芯结构管理强调采用现代化管理理念和方法，将幼儿置于管理的核心位置，关注幼儿的全面发展和个体需求，通过基于儿童发展理论的个别化教育支持，积极培养幼儿的社交能力和认知能力，加深与家长的紧密合作。芯结构管理旨在推动幼儿园的整体发展和提升，为幼儿提供富有挑战性、积极互动和多样化学习的环境，以培养幼儿的自主性、创造性和适应性，从而实现幼儿的综合素质教育目标。

二、芯结构管理的理论依据

芯结构管理是基于儿童发展理论、社会构建主义理论和参与式学习理论的管理概念，通过将幼儿置于核心位置，尊重其个体差异和发展阶段，为幼儿提供适应性和个别化的教育和支持，营造富有挑战性和合作性的学习环境，激发幼儿积极参与教学活动和主动学习。芯结构管理旨在推动幼儿园的整体发展和提升，促进幼儿的全面发展和个体成长。

（一）儿童发展理论

芯结构管理将幼儿的发展视为核心，尊重幼儿的个体差异和发展阶段，提供适应性和个别化的教育和支持。基于儿童发展理论，幼儿园可以设计和提供符合幼儿年龄特点和需求的教育环境和活动，促进幼儿的全面发展。

（二）社会构建主义理论

芯结构管理鼓励幼儿园创造富有挑战性和合作性的学习环境，促进幼儿通过社交互动和合作探究来构建知识、理解知识。这种理论强调幼儿通过与他人的互动和融入社交情境来建构自己的认知。

（三）参与式学习理论

芯结构管理倡导幼儿的积极参与和主动学习，为幼儿提供多样化的学习机会和体验，激发幼儿的好奇心和探索欲望。这种理论强调幼儿通过实践和参与学习活动来积极构建知识，鼓励他们在学习过程中发展自主性和创造性。

三、芯结构管理的特点和原则

（一）以幼儿为核心

芯结构管理将幼儿的需求和权益置于首位，关注幼儿的个体发展和全面成长。管理者和教师通过了解幼儿的兴趣、能力和学习风格，为其提供个性化的学习支持和资源。

（二）教师和家长的合作参与

芯结构管理强调教师和家长的积极参与和合作。管理者鼓励教师与家长建立良好的沟通和合作关系，共同关注幼儿教育。教师与家长之间的密切合作可以促进信息共享，便于双方共同制定教育目标。

（三）管理的持续改进

芯结构管理强调管理的持续改进和反思。管理者鼓励教师进行专业发展和学习，提供相关培训和支持。同时，管理者和教师会定期进行评估和反思，通过收集和分析数据，不断优化幼儿园的管理策略和教育实践。

（四）基于科技的支持

芯结构管理借助科技手段来支持教育管理的各个方面。管理者可以利用信息化技术来提高管理效率和信息共享，教师可以借助数字工具来设计和实施教学活动，家长可以通过在线平台了解幼儿的学习情况和参与学校的活动。

第二节　管理走向现代化

贵阳市实验幼儿园总园成立于 1925 年，迄今为止已有 98 年的发展历程。总园于 2013 年原址拆建，2021 年 9 月重新装修开园。伴随着国家对学前教育的重视，为缓解入园难的现象，为办人民群众满意的学前教育，我园也从一所园变成了三所园。2016 年 11 月，未来方舟博学分园开园，极大地缓解了楼盘配建小区的招生难题；2022 年 10 月，未来方舟盛棠分园开园，优越的办园条件，是一圈两场三改的直接体现，为小区幼儿就近入园创造了条件。三园区均为 12 个班级的规模，能够容纳 1500 余名幼儿入园，这是党和政府的重要举措。作为实幼的第一责任人，如何发挥自己的带头作用、做好幼儿园的优质化管理，是我一直思考的问题。我将根据各级管理相关要求，提升自己的学习能力，将总分园管理一体化执行起来，为提升所有人的安全感、幸福感努力。

2020 年 1 月，一场新冠疫情席卷祖国大地，为响应国家的号召，大家都闭门不出。我园根据各级党委的要求，在做好自我保护的同时，也做好本园防控工作。另外，根据区教育局的相关部署，幼儿园帮扶小组走入第六责任区的每一所民办园，指导各园所的疫情防控工作。对于刚调入幼儿园担任园长的我来说，这个工作任务很重，但是我积极遵照教育局的各项要求，多次召开幼儿园园务工作会议，带领大家就科学防控、确保稳定，为教师及家长、幼儿的健康安全保驾护航做出应有的努力，积极安排后勤购置足够的防疫物资，如测温枪、口罩、消杀用品等，严防疫情的流入。为切实解决援鄂医护人员的后顾之忧，我还给每位援鄂医护人员的家庭写了一封信，信中鼓励居家幼儿一定要学习做身心健康的宝贝，好好吃饭，多吃水果和蔬菜，多喝水，锻炼好身体，在家里也要在家人的呵护下蹦一蹦、爬一爬、跳一跳；记得饭前便后洗手，打喷嚏、咳嗽时要记得遮挡；更不能忘记出门一定要戴上口罩，管好自己，不随便触摸其他东西，跟别人接触时离得远一点等；组织团队及时拟订《一对一专人关爱方案》，共同对援鄂医护人员子女学习和生活困难、相关需求及心理健康状况一对一进行关爱，帮助援鄂医护人员子女在疫情防控期间学有所获、健康成长。党员干部通过视频连线、网络交流等形式，与幼儿及居家陪护的家长加强沟通，及时送达暖心关怀；班级教师通过电话、微信等对幼儿的家庭情况进行了解，加强关怀与疏导，让幼儿及家庭充分感受到来自幼儿园的温暖和关心。我们还为幼儿送去牛奶、玩具、书籍和体育用品等，让幼儿在居家的日子里生活顺畅，阅读有书，运动快乐，为打赢疫情防控战助力。

我们组织幼儿园管理团队、教师团队深入学习。在学习过程中，鼓励每一个管理人员挑选适宜领域组建学习小组，对自己领衔学习的内容进行作业安排，成员根据安排自学，认真根据自己的班级情况以及幼儿的年龄特点完成相应的学习作业，积极参加各领域的线上讨论等。这些举措掀起了我园学习《3—6岁儿童学习与发展指南》的高潮，为全体教师在日常工作中领悟指南、理解指南、运用指南打下了坚实的基础。

在这样特殊的年份里，我们除了加强学习、提升专业素养，为生活恢复正常后能更有陪伴幼儿幸福成长的底气外，还圆满而又出色地完成了市级布置的空中游戏小班录制任务。还记得，当云岩区幼教教研室主任石晓樊打来电话后，我立即召集幼儿园的管理班子在线上讨论如何组建录制团队、如何安排后勤服务，迅速集结了实幼的空中游戏录制及后勤服务人员。那段时间里，实幼的三个游戏录制小组各自辛苦地修改剧本，录制小样，在区级、市级教研管理人员的帮助下攻克了一个又一个的难关；后勤团队积极跟进，接待了云岩区参加录制的园所的各园长和教师。大家团结一心，因此我们的小班录制基地顺利并率先通过了专业录制，按期在贵州电视台播放，为受困在家的全省幼儿园孩子及其家庭带去了欢乐。回首这段经历，我为自己的全情参与而骄傲，为实幼人没有错过为大家服务而幸福。

2020年是令人难忘的一年，同时又是贵阳市实验幼儿园提升保教质量的关键年份。工作岗位转移到实幼，是我人生中的又一个发展阶段。接到教育局的工作安排后，我迅速调整好自己的状态，带领着全体教职工全力迎检。在这个特殊的年份里，幼儿园迎来了第一位也是全区幼儿园第一位引进的研究生段丽红，她的加入让幼儿园管理班子做起事来更加高效。基于她研究生阶段的各类学前工作经历，我认准了她的专业能力，她也毫不推脱，与大家一道全心全意调整和完善幼儿园的各项迎检工作。由于我园在迎检过程中还有国培项目要完成，她也积极参与项目的推进，那段冲刺省级示范幼儿园的时光着实令人难以忘怀。且不说因为疫情不能来到现场，市级预评估变成了带上资料到指定地点完成；也不说为了达成遥不可及的一类目标，我们一遍一遍整理着汇报稿，一次又一次指导着教师的班级环创、幼儿园公共环境的最优化设置，无数次逐字逐句修改着课程方案、规划调适，多少回加班加点改善办园条件等。如今终于换来了目标的达成，全园为之欣喜，高质量发展有我们的倾情付出，这是全体实幼人的骄傲。

作为一名幼儿园园长，如何带领幼儿园团队发展，提升幼儿园办学质量，是我一直以来不断探索、钻研的内容。新时代的幼教改革对幼儿园园长的专业引领、专业发展、专业管理也不断提出了更高的要求。我以《幼儿园园长专业标准》为引领，秉承以德为先、幼儿为本、引领发展、能力为重、终身学习的办学理念，以把握办园发展方向、规划幼儿园发展蓝图、科学规范办园、注重教师队伍建设、搭建各种平台助推教师的专业成长等为己任，不断努力前行，摸索、实践各种方法和途径。

一所幼儿园要高质量发展，离不开高素质、专业强的教师队伍，还要把握幼儿园发展现状，分析发展所面临的问题和挑战，只有这样，才能有效形成幼儿园发展思路，促进幼儿园的高质量发展。教师专业成长和园所高质量提升是密切相关的，我深入思考，以自身专业引领、强化管理，积极寻求资源整合，为教师专业成长、园所提质不懈努力。

第三节　纵横教研模式促教师专业提升

提升园所保教质量是幼儿园管理的重要内容之一，保教质量提升，就是教师队伍专业的提升。我积极深入教师队伍、教育教学现场，通过观察、沟通，分析教师专业成长的现状，思考如何为教师的专业成长搭建支架。教研工作是幼儿园工作的重要内容，也直接关系幼儿园保教质量，为了使教研工作落实实效，我积极建设教研管理团队、加强教研工作管理、创新教研工作。

一、建立教研管理团队

通过分析我园教师专业成长的现状，我积极组建教研领导班子，由园长作为主要负责人，业务园长、保教主任、年级组长为团队成员，共同建章立制，分层管理实施教研工作。我带领教研团队积极深入教育教学现场，与教师、幼儿对话，细致分析教师专业成长困惑，了解幼儿发展需求，与团队共同商量把握教研工作开展方向及思路。作为园长，我积极、认真参加各类教研活动，在教研中观察教研组织者、参与教师，并与管理团队研讨此次教研开展实效性，共同研究保育教育实践问题，协同制定下次的教研目标及内容。

二、纵横交叉分层教研促教师专业提升

园本教研是促进幼儿园发展、教师专业成长、幼儿全面发展的重要途径，也是幼儿园管理中一项重要的工作内容。立足我园发展实际需求、教师专业成长需求，以教研开展为先导，以教师发展为本，扎实、深入开展教研，以实效教研推动教师专业成长，推动幼儿全面发展，推动园所高质量发展。我深入思考和策划，带领教科研团队，对教研工作进行了纵横交叉、分层开展的部署，实现横向发展、纵向提升的分层教研模式，创新教研活动开展，并注重激发教师积极主动反思，提高教师实践能力，增强教师专业自信，让教师从被动学习向主动学习迈进，提升教师专业自主成长，同时提升教研组织者的能力，促进师幼共同发展。

（一）纵向大教研

纵向教研，由幼儿园业务园长、保教主任管理人员负责实施，立足园本，聚焦教师、幼儿发展实践难点中的共性问题，深入班级、教师中了解情况，集体研讨教研实施方案，开展专题项目式教研活动，辐射全园教职员工。如我园在自主游戏开展过程中，聚焦"重复""一对一""观察"等专题项目教研，通过体验式、案例式、分享式等丰富多样的教研形式，解决教师在自主游戏开展过程中的困惑；再如聚焦教师专业成长的实际问题，将师幼互动、新教师成长、幼儿深度学习等问题进行专题教研，融入教师日常保教工作中的家长工作、环境审议、课程审议、交流评比等，落实日常保教质量的提升。大教研每月两次，运用专题、体验、案例、观课议课、分享交流、走入式、走出式、流动教研等多形式开展，创设轻松、愉快的教研氛围，让每位教师

都能成为教研中的主体，推动发现问题、解决问题的自主成长能力，也让教学管理人员在大教研组织中获得提升。

（二）横向年级组教研

年级组教研立足本年级组幼儿年龄特点，聚焦本年级组教师日常中的共性问题、年级组课程问题等开展研修活动，年级组长发挥引领示范作用，承担年级组教研任务。如：带领本年级组教师深入研修《3—6岁儿童学习与发展指南》五大领域核心经验，深入理解、掌握各领域核心经验及幼儿年龄特点、发展水平，为更好地支持幼儿奠定基础，并针对每个领域进行产出实践，如科学——科学区域材料投放，社会——劳动课程组织、语言——集体、自主阅读组织等。年级组教研为每月一次，辐射本年级组教职员工，以小组研修方式开展，针对年级组日常工作中需要解决的早操、体能循环、课程推进实施等内容。年级组的横向教研模式，聚焦年级组教师实际需求，提升本年级组教师专业能力，也提升年级组长的组织能力，为幼儿园后备干部奠定管理基础。

（三）横向教研小组

为发挥我园骨干教师示范引领作用，为幼儿园后备干部力量积蓄专业能力，我园成立了以骨干教师为主的教研小组，以园所骨干为示范引领，如年级组长、优秀班主任、后勤骨干等，开展小组教研活动。教研小组内容可以围绕纵向大教研的延伸实践，或围绕工作中的实际问题，还可以立足自己的特长优势开展辐射引领研修活动。例如，舞蹈专长教师开展"早操编排""一日活动组织"，后勤骨干开展"保育工作有效开展""安全"。教研小组成员每月一次选择内容有效实施，面向全园教师，覆盖幼儿园全体教职员工，多途径、多维度地丰富了园本教研活动。同时，骨干教师在教研活动组织中，教研组织能力也获得了不断提升，能聚焦实际工作中发现的问题开展相应教研活动，能运用体验、案例等形式开展，不断在实践中梳理反思，从而提升教研组织能力。

（四）横向工坊研修

基于教师专业自主成长，为推动教师终身学习，建立教师自主研修共同体，推进骨干引领的常态化研修，达成共同成长的愿景，我积极思考策划，与教学管理人员达成共识，组建幼儿园幸福工坊。根据我园现阶段发展情况及实际，组建美工、区域、阅读、自主游戏四个幸福工坊，工坊坊主从自身专业出发选择，自愿报名承担，坊员以自身专业发展需求加入工坊。坊主积极引领，坊员认真参与，每个工坊聚焦本坊教师专业成长、幼儿发展，开展丰富多样的工坊研修活动。并请到省内幼教专家入驻，给予工坊研修提升、助力，加持每位教师在工坊中的自主专业成长。通过计划、研究、反思的模式梳理提炼研修策略，激发教师自主学习成长内驱力，并总结经验、策略、方法以供借鉴。工坊的建立，让教师相互信赖、相互支持、相互合作，发挥了研修共同体作用，在助推坊主及工坊成员专业提升的同时，也不断助推幼儿园保教质量提升。工坊成果还将辐射至责任园、基地校实践园所，带动区域教育质量的共同提升。

要提高教研质量和教师成长的效率，保证教研活动开展的实效性，就要在教研中少一些管理、多一些支持，减少行政化学习方式，树立教研是一种对话的理念，继续重视教研的深度，信任教研组织者、参与者都是有能力的学习者，激发教师自主成长的内驱力，让教研落地生根，真正促进教师的专业成长，实现幼儿身心和谐健康发展。

第四节　基地园建设辐射引领成长

为促进幼儿园高质量发展，我积极寻求整合各种资源，搭建各种促进幼儿园发展的平台，积极参与了2021年贵州省中小学（幼儿园）教师专业发展示范基地校申报。经过申报、推荐，省级专家评审，我园被确立为第二批"贵州省中小学（幼儿园）教师专业发展示范基地校"，这项荣誉是对我园工作的肯定和信任。这既是荣誉，也是挑战，将基地校工作建设完善，带动我园教师成长的同时，也辐射引领区域教育质量的共同提升，将基地校示范引领辐射作用落实实效。

一、基地园建设

积极组建以园长为第一责任人的基地校领导小组，明确职责体系，优化团队力量，分工协作、齐抓共管，强化管理保障措施，结合本园实际，明确建设目标，整合优质资源，以教师、幼儿园、参训园所教师、特色发展的需求为原则，依托资源，搭建专业成长平台，不断摸索、创新幼儿园教师专业成长策略及成长机制，充分发挥基地校在教师专业发展方面的示范引领作用，带动区域教育改革，促进教师队伍专业化成长。我带领团队统筹部署，组建省内优质专家团队，发挥专家示范引领作用，邀请到省市级名师、高校教师、教研员、省级名园长等担任培训专家，并给专家颁发基地校专家聘书，让各位专家明确参与活动，为基地校各项工作开展发挥引领作用。还组建园内管理骨干团队，切实保障基地校工作开展。建立基地校发展相应制度，保障基地校工作实效开展，通过基地校建设，实现优质共性，带动园所、教师、区域园所共同发展。

二、聚焦专业成长　开展丰富活动

为促进教师专业能力的不断提升，结合我园教师专业发展需求，邀请基地校专家团队入园开展相关专业培训、教研活动，以专家示范引领，带动教师专业内驱力成长。幼儿园积极探索纵横交叉的分层教研模式，落实学前教育改革，结合教师实际问题，聚焦新教师专业成长，多途径、多形式教研，扎实开展教研活动，提升幼儿园教学质量，促进教师实现专业成长。我带领团队，思考策划以幸福展示周活动为助推园所教师专业成长的平台，上半学年以"扬帆起航　迎挑战"为配班教师展示活动，下半学年以"乘风破浪展风采"为主班教师展示活动，设计主配班不同层次的专业展示，如治班之道、才艺展示、游戏案例评比、集体教学评比等，立足教师专业成长，夯实教师教学基本功，使其在专业展示中获得自信，找准自身专业发展方向。每次展示活动，教师都认真参与，相互学习、共同发展。聚焦新教师专业成长，设计新教师入职岗前培训机制，从师德、一日活动带教、游戏组织、备课、家长工作等全方位开展专业学习研修，使新入职教师快速成长。

三、辐射引领　共同成长

作为贵州省中小学（幼儿园）教师专业发展示范基地校，我园致力于发挥辐射引领作用，帮扶引领14家民办幼儿园从保教质量、园所管理等方面进行提升，并共享我园优质学习资源，搭建共同学习平台，如专业培训、教研、跟岗研修等活动。基地校还聚焦省内不同层次幼儿园的发展，从区、市、省不同层面甄选出都匀市第四幼儿园、开阳县龙岗镇第二幼儿园、花溪区石板镇羊龙幼儿园、云岩区大坪幼儿园四所具有代表性的基地校实践园所，定点开展一对一帮扶指导活动，以我园管理层一对一组队开展入园指导帮扶、学员跟岗研修、学习资源辐射等形式，带动区域幼教的共同提升。我园积极辐射优质的学习资源，专家培训教研活动运用在线直播形式，辐射责任区、基地校实践园所等。我园骨干教师也多次参加省内园所的各项帮扶培训，开展入园指导、送教送培、课程交流等活动，将我园课程、游戏、班级管理等经验与幼教同行分享，辐射带动其他园所共同提升。作为教师发展示范基地校，我园还多次承担接待国培计划、园所观摩交流等活动，共促发展。

四、实习生跟岗实习

幼儿园教师实习是学前教育专业教学计划的重要组成部分，能使即将步入工作岗位的学生在教育实习中受到良好的专业思想教育，体验和感受教师职业的光荣感和使命感，增强从事学前教育工作的事业心和责任感。我园作为贵州省中小学（幼儿园）教师专业发展示范基地校，致力于做好引领和辐射，为幼教实习生搭建各种学习与实践的平台。我园多次接待贵阳幼儿高等师范学校、贵州师范大学、贵州师范学院、贵州黔南民族师院等的实习生，并依托园本资源，采用集中培训＋跟岗实习＋成果展示的实习模式，甄选我园带教老师，以理论和实践相结合的研修模式，帮助实习生了解幼儿园带班、集体教学、环境创设、保教结合等专业能力，为实习生顺利就业奠定基础。

第五节　国培项目共促发展

为促使我园教师更快发展，积极为幼儿园寻求项目资源整合，我带领团队申报了国培计划基地校，并顺利通过。2021 年，贵阳市实验幼儿园作为"国培计划（2021）"教师培训项目基地学校，承担国培计划（2021）——"百校扶百校""易搬点"学校教师素质能力整体提升培训项目，定点对贵州省黔东南州三穗县城关第三幼儿园进行结对帮扶，精准培训三幼 39 人，项目从 2021 年 1 月到 12 月，为期一年。

一、落实"四个精准"创新培训模式

幼儿园成立项目团队专项负责相关工作的开展，精准定位帮扶目标，并切实做到精准研制培训方案、精准落实培训措施、精准制订培训内容、精准设计培训方式这"四个精准"。

（一）6＋4入园指导模式助推教师专业成长

共计20天的6次入园指导＋4次送培送课模式助推学员最实际的专业化发展，6次入园指导形式丰富、灵活，操作、体验性强；4次省内知名教育专家团队送培，优质课送教，同课异构、观课议课等多元化送教助推幼儿园的发展和教师专业化成长。

（二）浸润式跟岗研修

跟岗研修运用集中培训＋跟班学习＋特色观摩＋返岗时间的研修方式，辅以"训后跟踪、入园指导"对学员进行持续指导，根据跟岗学员层次需求，采用"影子教师"方式结对带教及训后的返岗实践跟踪指导，助推每位学员的专业持续发展。

（三）注重训后评估，保障培训质量

培训过程中通过问卷调查、访谈、考核材料、实地考察等多种方式做好培训满意度调查及效果评估，还运用321返岗实践计划落实、实地检测及汇报，了解训后效果及教师学习质量，根据反馈，科学、动态、及时地调整培训内容和培训方式，优化培训质量。

（四）拓展培训对象，开展家长课堂

聚焦该园家长工作问题，拓展培训对象，开展家长课堂，为三幼家长提供了科学的家庭教育指导策略，又拓宽了三幼教师学习组织开展家长工作的视野。

二、培训成果及社会影响

（一）帮扶目标高效完成

经过一年的项目实践，三穗三幼优化了办园理念，不断提升办园质量，完善了幼儿园三年规划、课程实施、环境创设。管理层人员增强科学保教的观念，引领教师进行园本课程资源开发。教师树立科学育儿观，立足幼儿身心发展开展科学保教活动。教师不断获得专业能力发展，幼儿园整体保教质量大幅度提升。

（二）精品课程资源开发

以助推三穗三幼教师专业提升为主要方向，组建园内及园外专家培训团

队，进行课程资源的开发，聚焦问题将实用课程资源带入项目园，落实课程的精准化，积累丰富的培训资源。

（三）区域辐射，带动发展

国培项目实施中，除三穗三幼指定帮扶，我园还积极将三穗集团园所的教师纳入跟岗及各项参培中，共享国培项目带来的专业学习及提升，大力提升了当地的学前教育质量。三穗三幼在项目的不断落实中，办园质量不断提升，还多次承担接待当地观摩、学习活动，辐射带动当地学前教育优质发展。

（四）培训效果满意度100%

该项目实施结束后，分别从培训内容、方式、师资水平、专业发展需求、后勤服务管理、个人收获、综合评价、培训效果等多个维度对学员进行调查，满意度均为100%。本次项目培训获得园所、学员的高度认可和肯定，培训效果显著。

通过2021国培计划项目，我园也培养了一批"种子"教师，他们将在推进幼儿教育方面发挥骨干示范作用，促使我园教师队伍整体专业能力不断提高，园所保教质量也通过该项目在不断快速提升，同时推动我园在今后的帮扶培训、示范引领中更好地面向学前、服务学前。2023年，我园通过申报获得了"国培计划（2023）"——一对一精准帮扶培训项目，一对一帮扶印江县第四幼儿园、印江县第二幼儿园，我将带领团队以靶向诊断、精准发力、整体提升为原则，实效开展2023国培计划项目。

第六节　名园长工作室呵护童心　携手同行

贵州省名园长龚燕工作室自2019年10月正式挂牌成立以来，得到贵州省教育厅、贵阳市教育局、云岩区教育局的关心和支持。基于贵州省教育厅和贵州省幼儿园省级名园长室建设标准的要求，我与工作室40位成员和学员秉承"呵护童心　携手同行"的理念，不断践行"同行同向同努力　呵护童心显专业"的工作室文化。转眼工作室建设已走过两年的时光，本部分从"同行、同向、同努力、呵护童心、彰显专业"五个方面讲述成长故事。

一、同行：互帮互助　共同成长

工作室有 8 位成员和 32 位学员。这 8 位成员分别来自贵阳市实验幼儿园、贵阳市第一幼儿园、贵阳市第三实验幼儿园、贵阳市第九幼儿园、贵阳市第十幼儿园、开阳龙岗镇中心幼儿园，他们在园所中分别担任园长（4 人）、副书记（2 人）、副园长（2 人），具有一定的管理和教学经验。

工作室 32 位学员，分别来自贵阳市的 11 所幼儿园（实验幼儿园、实验三幼；贵阳市第一、第五、第九、第十幼儿园；云岩区第二、第十四、雅关、小花、未来方舟 D9 幼儿园），以及花溪区石板镇羊龙幼儿园、开阳县龙岗镇第二幼儿园、都匀市第四幼儿园、六盘水第三实验幼儿园。他们在园所中有 4 人担任园长，12 人担任副书记或副园长，12 人担任保教主任，10 人担任教师，大多是较为年轻的管理者和教师。

工作室就是一个大家庭，我们携手，共享资源，共同成长。作为工作室的主持人，我就是一位"大家长"，通过各种活动把大家凝聚在一起，利用各种资源给大家提供更多的学习与成长平台，引领大家认真学习、努力实践，见证着每一位同行伙伴的成长。

团队中有 2 人获得"市级骨干教师"称号，1 人获得"县级优秀园长"称号，2 人获得"区（县）级优秀共产党员"称号，2 人获得"区级优秀教育工作者"称号，3 人获得"区级优秀教师"称号，7 人获得"区级骨干教师"称号，1 人获得"区级教坛新秀"称号；获得国家、省、市、区级指导奖 17 人次；获得省、市、区级成果奖 22 人次；有 21 篇论文分别获国家、市、区级奖励。并且，我们很愉快地见证工作室内园长从 8 人上升至 9 人，副园长从 7 人上升为 10 人（其中有 3 位副书记）。

二、同向：不同路径　同一方向

工作室致力于在前行中提升教师的专业素养，最终促进幼儿的全面、和谐发展。我们向着同一目标，但不同成员与学员有不同的发展路径。为此，我们根据成员与学员的需求，与他们共同找准各自的发展路径，有针对性地给予发展支持。

（一）工作站站长的发展路径

工作室的 8 位成员分别承担着工作站的管理工作，他们根据工作室的计划，组织开展工作站之间的互访和站内互访活动，让各工作站的成员与学员相互学习、观摩与研讨。

"随燕同行"李莉工作站在贵阳市第一幼儿园三桥分园开展了互访活动，各工作站积极响应。贵阳市第九幼儿园、贵阳市云岩区小花幼儿园、贵阳市第十幼儿园、贵阳市第三实验幼儿园、贵阳市实验幼儿园、开阳龙岗镇幼儿园、开阳龙岗镇第二幼儿园等园所的教师针对户外自主游戏开展了观摩活动，同时组织了"游戏计划"辩论教研。游戏观摩结束后的教研活动中，教师充分肯定了幼儿根据自己的兴趣需要自主选择游戏场地、材料、伙伴，自由创编游戏玩法，其中蕴含了取之不尽的快乐源泉，真正体现了游戏的娱乐性、教育性功能。教师也对户外自主游戏的环境创设、材料投放、时间安排、教师指导、幼儿发展等方面进行了探讨，提出了许多合理化的建议，为幼儿园今后户外自主游戏的有效开展提供了有利的帮助和指导。

在贵州省龚燕名园长工作室的引领下，"心心相燕"工红梅工作站的互访活动在学员陈瑶和黎秋艳所在的花溪区石板镇羊龙幼儿园展开。互访中，羊龙幼儿园的陈瑶园长对教师进行了《自然资源在农村幼儿园环境创设中的运用》课题的经验分享，并带领大家对幼儿园班级环创、区域材料投放、外环境创设、功能室等公共区域进行了实地观摩，还围绕"自然资源在环境创设中的运用"进行了研讨。本次活动采取了专题讲座、现场观摩、现场研讨和微课程经验分享的方式进行，使参与的教师有所感、有所思、有所悟。

"燕语莺声"周训男工作站基地园的开阳县龙岗镇幼儿园迎来了"艳燕募秀"工作站、"随燕同行"工作站、本站其他园所成员及以我园为龙头园的开阳县第六教研指导责任区所辖公民办园共57名教师齐聚，开展了为期一天的观摩交流研讨，现场观摩了幼儿园室内区域活动和户外自主游戏，对开阳龙岗幼儿园的自主游戏开展从场地划分、时间段的安排及教师的角色定位等方面都提出了宝贵意见和建议。"艳燕募秀"站长贵阳实验三幼石梦月副园长带领教师进行了"幼儿园园本主题活动的来源与选择"的研讨活动，开阳龙岗幼儿园赵海燕副园长对本次互访活动做了总结。

"童乐和美"孟庆工作站在站长孟庆园长所在的贵阳市第十幼儿园开展交流互访活动。十幼的家长、幼儿和贵州师范大学的同学们为大家表演了《丑小鸭》《老虎拔牙》《狼来了》《借尾巴》《三只小猪》等经典故事。一句句经典的台词、一个个可爱的造型、一幕幕可爱温情的故事情节，使观众沉浸其中。接着，大家聆听了贵州师范大学冯静老师以"师幼共生下的儿童剧实践"

为主题的专题培训，还围绕工作室《幼儿园爱国主义主题亲子活动课程资源开发与利用实践研究》课题展开了"如何利用红色电影资源，实施爱国主义主题亲子活动？"的研讨。在研讨中，教师创设情境、挖掘资源，现场演绎，气氛热烈。讨论出来的方法全面、多种多样，拓展了大家课题实践的思路。接着，工作室的导师、工作室课题顾问、贵州师范学院郑玉莲博士给大家进行课题实施的答疑解惑。郑博士从课题（论文）总结指导、课题体系指导、课题实施观察指导三个方面做了翔实的指导解答，为我们进行课题研究提出了新的思路和要求。最后，龚燕园长就活动进行总结，对各工作站一年来的工作进行肯定和鼓励，并对新一年工作提出新要求，让我们对后续的工作有了方向和期待。

"心欣向燕"钟琴工作站在贵阳市第九幼儿园开展了互访活动，"比翼齐飞"李静工作站的学员以及第五教研指导责任区的各家帮扶园教师代表参与其中，由九幼教研组长李雨思老师围绕"幼儿园自然角环境的创设"组织展开了系列观摩研讨活动。

"初心"工作站、"艳燕募秀"工作站学员来到贵阳市第五幼儿园开展互访活动，观摩了大中小班器械操，了解了幼儿园日常户外活动的主要类型，早操已成为幼儿园的常规性教育活动。早操是幼儿一日体育锻炼活动的开始，它可以让幼儿舒展身体、精神抖擞。为了促进幼儿加强锻炼，尽情伸展肢体，进而树立运用肢体的自信心，需要合理、有效地组织幼儿开展早操活动。

基于成员们的发展需求，工作室尽可能地给予他们幼儿园文化建设、幼儿园课程管理及管理跟岗等培训机会，提升他们的管理能力。在工作室的阅读活动中，让站长们承担领读、组织分享等任务。在幼儿园教学改革的过程中，我们专门组织站长参与了十天的"自主游戏指导师训练营"线上培训，旨在通过其成长，带动工作室及所在园所的发展。

（二）工作室学员的发展路径

为认真落实贵州省名园长龚燕工作室互访计划，加强工作站内学员园所之间的走访和互动学习，发挥工作站在幼儿园管理和教育教学改革中的辐射作用，促进工作站学员管理经验的提升，各工作站内积极开展站内互访活动。

龚燕名园长工作室"心欣向燕"工作站的教师齐聚贵阳市第五幼儿园一分园进行了半日的学员互访交流活动。学员陈丽主任围绕园所基本情况、师资水平、园所文化及课程开展等进行介绍，从立足"爱"的文化出发，培养全面发展的幼儿，让幼儿成为自主、自信的个体，有爱、会爱、乐学、创新。

幼儿园刘丽娟、黎洁两位老师分享了自己与幼儿的游戏故事。随后，来访的教师参观了五幼一分园的室内环境，包括走廊文化、教室环创、区角创设等，并与班级教师进行交流和讨论，观摩了幼儿的户外自主游戏。互访交流活动架起了各园间相互学习的桥梁，搭建了共同进步的平台，也推进了教师自我成长的进程，给每一位教师带来更多新的启示和新的思路。

孟庆工作站以"舌尖上的美食、指尖上的创意"花样面点制作观摩活动为切入点，组织工作站内师大幼儿园、雅关幼儿园以点带面，规范幼儿园保健工作精细化，提升食堂工作人员的面点制作技能，调动其大胆创新的积极性。十幼集团园保健主管杨平老师分享花样面点制作经验，可口的膳食不仅是健康的保证，更是爱的滋养，为幼儿做健康美味又富有童趣化的面点是我们的追求。在面点制作过程中，教师纷纷拿出手机拍摄记录。食堂阿姨们大显身手，她们新颖的创意、娴熟的技巧，让大家大开眼界。最后，惟妙惟肖、栩栩如生的面点呈现在大家的面前：小金鱼吐泡泡、玫瑰花开、灯笼花、葵花朵朵、蝴蝶飞飞、阳光小雏菊、小兔乖乖、豌豆荚……

贵阳市第一幼儿园走入都匀市第四幼儿园，进行"观察与评价"的专题培训，共有70名教师参与。本次培训，工作站以"对话观察记录与学习故事"为主题，通过理论讲解、案例分析、实际操作等方法，围绕"学习故事是什么""学习故事写什么""学习故事怎么写"等内容，进行了梳理和提升。并通过小组观看视频，共同撰写学习故事的环节，向教师分享了一些可操作性强的方法和启示。教师了解到，"学习故事"不仅是一种学习评价的手段，更是一种理念的转变。

"童乐和美"工作站成员来到学员高惠所在的雅关幼儿园，高园长介绍园所"雅智课程"。从雅关幼儿园建园历史、发展历程到课程建设等方面分享了幼儿园近几年来着力提升课程质量的经验和做法，提出了"以和育雅、以爱启智"的课程理念，倡导以平等和谐的文化氛围育人，让真实的、贴近实际生活的教育培养出"健康自信、童真善美、自主聪慧"的幼儿，让幼儿在"乐""趣""能""动"四个课程项目活动中全面发展。中二班曾陈幸子老师、小二班宋雅雯老师进行雅乐主题活动课例分享，以"融教育于自然、于生活，变平常为美好"的课程思路，通过"3＋1＋1＋1"的主题课程模式，让幼儿在丰富的主题月活动中获得经验提升能力。接着，雅关幼儿园教师还对四月红色亲子阅读系列活动进行汇报交流，以4月2日国际儿童图书日及4月23日世界读书日为契机，开展了以"阅红色经典，忆红色历史"为主题的读书月系列活动等。

工作室为了满足不同水平学员对专业的需求，开展了教师自主培训活动，提供了园长课程、幼儿园中层课程、教师课程、6S 课程等相关内容，工作室教师自行选择适合自己的培训内容，制订培训计划，自主学习。这样的形式能更好地满足个人需求。

虽然大家的成长途径各不相同，但我们都怀揣着同样的目标，朝着同一方向而努力奋斗。

三、同努力：多途径学习　促专业提升

工作室为了使成员和学员在业务能力方面得到更大的提高，通过共读活动、网络学习、跟岗培训、外出培训、自主学习等多种途径，搭建了学习与交流的平台。

（一）共读活动

随着新标准的出台，学习品质已经被列入幼儿园教育的重要内容，各个幼儿园也已经开始强调学习品质对幼儿的重要性。工作室在导师郑玉莲博士的引领下，共同阅读了《热情投入的主动学习者——学前儿童的学习品质及其培养》和《学习品质——关键发展指标与支持性教学策略》两本书籍，并开展了多次线上线下的阅读分享交流和研讨活动。在工作室导师郑玉莲博士和工作室主持人龚燕园长的组织下，贵州省名园长龚燕工作室成员、学员，贵州师范学院的师生齐聚网络，共同聆听和交流阅读中的认识和感悟。工作室主持人龚燕园长、贵阳市第一幼儿园李莉园长、贵阳市第三实验幼儿园石梦月副园长、贵阳市云岩区雅关幼儿园高惠园长与大家分享，可以从幼儿兴趣、专注性、坚持性、灵活性、自我调节、快乐和学习动机等方面识别学前儿童学习品质。隔空的智慧传递，让每一位参与的教师都受益匪浅。

阅读分享活动从线上走到了线下，在贵阳市实验幼儿园，我们从八个方面共话如何培养幼儿的学习品质。贵阳市第一幼儿园保教主任孙婧分享了《家园合作如何支持学前儿童学习品质的发展》，贵阳市第三实验幼儿园石梦月副园长分享了《幼儿园集体教学活动如何支持学前儿童学习品质的发展》，贵阳市第九幼儿园钟琴园长分享了《幼儿园一日生活活动组织如何支持学前儿童学习品质的发展》，贵阳市第十幼儿园孟庆园长分享了《教师如何引领家长支持学前儿童学习品质的发展》，贵阳市实验幼儿园副园长王红梅分享了

《幼儿园课程如何支持学前儿童学习品质的发展》，贵阳市第三实验幼儿园教师杜学敏分享了《幼儿园区域活动如何支持学前儿童学习品质的发展》，云岩区大坪幼儿园黎娜园长分享了《幼儿园户外活动如何支持学前儿童学习品质的发展》，开阳县龙岗幼儿园周训男园长分享了《幼儿园环创如何支持学前儿童学习品质的发展》。

在分享的过程中，我们还针对师院的师生提出的问题进行现场交流，各位教师从实践层面分享了自己的看法和经验，工作室导师郑玉莲博士对分享的内容给予了高度评价。教师在领读的过程中有实践、有思考，让阅读理念真正落实在每所幼儿园和每个孩子的身上。这样的深度阅读，真正使理论作用于实践，也让阅读者享受到了读书的快乐。

除此之外，工作室部分成员和学员还在郑玉莲博士的引领下共读了《放手游戏　发现儿童》，对安吉游戏有了初步的了解，吸收到了当下关于游戏的最新理念。

（二）网络学习

由于工作室成员、学员来自不同的幼儿园，网络学习是最为便捷的学习方式，因此工作室通过网络分享精彩丰富的学习内容：《用新西兰学习故事，从补短到取长的观察记录》让大家重温了学习故事的精彩；《中国儿童哲学京津冀志愿者项目启动仪式——暨第一次儿童哲学研讨活动》让我们对"儿童哲学"这一新的名词有了初步的了解。

在第一届幼儿园发展专家研讨会的线上培训中，各所名园、名师带来的《儿童观察评估》《以评价为主体的业务支持》《和孩子共同开创幼儿园新生活——北京市杨镇中心幼儿园生活化课程实践与思考》《后疫情时代的幼儿园教师：专业角色的转型与专业权威的重建》《支持儿童主动学习的幼儿园环境创设》《重回"学习者"体验，支持幼儿主动学习》《文化视域下幼儿园管理》等内容，让参与学习的成员与学员不仅有了观念上的转变，还学习到了一些切实可行的实践经验。

工作室还根据学员的需求，组织工作室站长参与了为期十天的"自主游戏指导师训练营"线上培训，培训结束以后，各位站长将收获与经验通过多种方式传递给工作站的学员以及学员所在的幼儿园，让所有园所共同成长与进步。

（三）跟岗活动

根据工作室每学期开展一次跟岗培训的工作计划，其他工作室的成员与学员来到贵阳市实验幼儿园分园进行跟岗学习。本园结合校园文化建设开展了"相约实验幼儿园——共话幸福文化"专题培训，图文并茂地向大家介绍了实幼的发展历程、园所文化、办园理念、课程建设等。大家还参观了幼儿园的环境，美丽而精致的环境处处透露着童趣与欢乐的味道，让学员对实验幼儿园有了全面而细致的了解。本园还邀请了各级专家到园来开展培训交流。

在跟岗中，贵阳市实验幼儿园彭贻真老师和大家分享了主题课程案例《玩转地铁》。彭老师从幼儿园课程审议、如何站在幼儿的视角开展主题课程、把预设的权利还给幼儿、如何以幼儿为主题创设环境等方面进行分享，并以"地铁初体验、地铁大探索、我们的地铁、主题总结与反思"为主线详细地介绍了《玩转地铁》这一主题课程的实施。接着，大家观摩了各班级的主题环境创设。这样的案例交流与实地观摩，让大家对主题课程的开发与实施有了更清晰的认识。

工作室全体成员和学员分为四期，再次来到贵阳市实验幼儿园，通过集中培训、幼儿园观摩、管理跟岗与班级跟岗的方式进行跟岗研修活动。

在第一期和第二期的跟岗培训中，龚燕园长带来了以"相约实验幼儿园——共话幸福文化"为主题的校园文化建设讲座，向学员详细介绍了实验幼儿园的发展历程、园所文化、办园理念、办园特色等，让学员对实验幼儿园有了全面而细致的了解。大家还参与了朱芳老师带来的"怎么讲好故事"的培训。朱老师通过精彩的文字、语音告诉学员怎样才能为小朋友带来一场视听盛宴，精彩的讲座得到了学员的满堂喝彩。云岩区进修学校的石小樊主任带来了"优化幼儿园一日生活的实施策略"培训，用她独特的视角，与学员就如何优化幼儿园一日生活进行了研讨，对学员在组织一日生活活动时的困惑进行了一一解答。

在第三期和第四期的跟岗培训中，贵阳市幼儿高等专科学校的杨丽老师为我们带来的"《指南》与儿童观察"专题培训，让我们了解了什么是观察、为什么要观察、什么时候观察、如何做好观察准备、如何制订观察计划等一日生活中的观察和记录方法。理论的输入加上案例的实践分析，让我们更加清晰地了解了《3—6岁儿童学习与发展指南》不仅引领我们备好课、上好课，还引领我们做好一日生活中的观察。在王红梅副园长有关于课程建设的分享中，大家对园本课程的建设思路更加清晰。随后，实验幼儿园的李锦花老师和陈曼欣老师分别为我们带来了中班语言活动"动物大侦探"和大班美术活动"带着房子去旅行"，两个活动呈现出两位老师扎实的功底，也呈现出孩子们很强的语言能力、绘画能力。接下来，成员与学员还参与了贵阳市实验幼儿园"幸福美工工坊"的教研活动。在坊主陈曼欣老师的带领下，在幼专李婷婷老师的专业指导下，大家对幼儿园美工教育活动目标与形式进行了全面的梳理，了解了幼儿园如何实施美术教育。工作室还邀请了贵阳市教科所张海凤老师为大家进行了"自主游戏"专题培训。在培训中，张老师带来了很多案例，让大家对自主游戏的形式、如何发现幼儿在游戏中的学习有了新的思考，为后期自主游戏的实施指明了方向。

跟岗活动不仅为工作室成员和学员搭建了跟岗交流学习的平台，还加强了工作室在幼儿园管理和教育教学改革中的辐射作用，充分发挥了贵州省名园长龚燕工作室的示范引领作用，真正实现了工作室的名优效应和培育功能。

（四）外出培训

工作室结合教师专业成长的重点任务与实际需求，以及目前幼教改革中最关注的问题，组织大家走出去参与各类培训。例如，多位教师参与了"文献综述与检索""问卷设计与分析""结题材料要求及结题报告撰写""教学成果和科研成果提炼与产出"等培训；工作室组织学员参与了"一杰卓越园长系列课程——新手园长的领导力与管理艺术"专题培训和"贵州省幼儿园自主游戏专题培训"活动等。在培训中学习到的知识不仅解决了大家工作中的困惑，还为今后的教学实践指明了方向。

通过大家共同的努力和参与，多种途径的培训使得每位成员与学员在原有的水平上都有了很大的提高。这些学习机会使他们收获颇多，甚至还有些成员和学员每次都主动找我申请培训学习的名额，他们要把本园的教师或责任区的教师也带来参加学习。工作室本着为促进幼儿发展的宗旨，欢迎所有教师加入这个大家庭，让我们携手努力前行。

四、呵护童心：课题实施　促幼儿发展

亲子活动是幼儿园要开展的重要活动之一，亲子活动从策划到实施的每一步都需要教师用心设计。亲子活动形式多样，可通过晨会、社区、节日活动等展开，使幼儿在课题实施中得到全面发展。

在课题实施的过程中，工作室及各工作站积极围绕各类教师遇到的问题开展相应的课题研修，大力提升了各园所进行课题实施的能力。

五、彰显专业：示范引领促均衡发展

自工作室成立以来，全体成员与学员努力发挥辐射引领作用。工作室参加了"国培计划（2020）"贫困地区"一对一"精准帮扶项目，《"筑梦黔行、教研提质"贵州易地扶贫搬迁安置点学校（园）质量提升项目教学视导》项目，百校帮百校——"易搬点"项目，"国培计划（2019—2020）"脱贫攻坚、精准帮扶项目，凤冈县跨年度递进式整县推进等项目，分别去到了盘州、印江、兴仁、威宁、六盘水、三穗、罗甸、兴义等 25 个地区的 70 多所幼儿园，进行课程、游戏、环境、后勤管理等的入园指导和专题培训，将最新的教育理念和教育方法传播到全省各地，促进区域均衡发展。

为了加强工作室与其他名园长工作室的联动，我们先后与吴贵花名园长工作室、周光艳名园长工作室、冷小雪名园长工作室、王卫霞名园长工作室、徐烨名园长工作室、李佳家名园长工作室、晏梅名园长工作室开展联动活动，相互交流学习，助力名园长工作室的协同发展。

我们将继续携手同行，呵护童心，共同行走在学前教育改革的道路上。

第七节　名园长工作室场域中的专业发展空间

一、动力场域：名园长专业发展的历程

（一）筑梦——从夹缝扎根到励耕笃行：对名园长工作室的初识与追随

从第一天走上管理岗位起，我就决定要走好管理的每一步，做好管理的每一天。我在贵阳市第三实验幼儿园当园长，这所幼儿园从铁路系统分流而来，原名叫贵阳铁路分局枣山路幼儿园，建园于 1958 年，迄今已走过 60 多年的历程。

我和幼儿园一起走过 19 年，在我的陪伴和引领下，幼儿园的教职工用心、用情、用爱呵护每一个宝贝；幼儿园教师善思考、喜表达、乐钻研，让幼儿园课程融入孩子的一日生活，让阅读课程彰显特色，深入人心；我也和教师一道收获专业发展的喜悦，收获家长理解的感动，收获社会认同的美好。

我和幼儿园一起走过的 19 年，是幼儿园不断蜕变的 19 年。在我和教师

的共同努力下，幼儿园获得了贵州省 A 类食堂、贵州省绿色学校、贵州省省级示范二类幼儿园、贵阳市责任区先进基地、贵阳市云岩区教科研先进园所等荣誉。各级各类学前教育职教集团、高等院校争相与我园签订见习实习、跟岗、观摩等协议，各地州市以及贵阳市各级各类幼儿园也纷纷与我园签订手拉手协议，抱团共同成长。我也因此收获了来自各方的赞誉，成了贵州省项一平名校长（初中）工作室的成员，成了贵州省项一平全学段家庭教育智库成员，成了京筑合作项目北京市名园长郭文英工作室的成员，参与了各级各类帮扶工作，收获了更加成熟的自己。

我和幼儿园一起走过的 19 年，是让更多幼儿感受幸福成长的 19 年。在我们为幼儿打造的快乐生活游戏场里，幼儿健康、快乐、自信、优雅，参加各种社团活动，感受语言表达的魅力，感受小篮球运动的动感，感受奔跑射门的酣畅。他们是幼儿园的主人，图书漂流，图书义卖、拍卖，亲子自制图书，绘本剧表演，晨会活动等，无不体现幼儿参与的快乐与幸福。他们在园里自由地奔跑、嬉戏，在班里自主地活动。三年的时光，幼儿园是他们快乐的家园。我也因为跟幼儿在一起而更加地幸福，我会记住他们的名字，跟他们讲故事，表演唱歌和舞蹈，和他们共同成长。我与我的幼儿园，有说不完的快乐、道不完的幸福，我将在以后的日子里，更加珍惜在园工作的每一天，为幼儿园的发展、教师的专业提升、幼儿的健康成长倾尽所有。

当在园长岗位上收获越来越多的成绩后，我觉得已经得心应手，便不再追求进步。在一次教育局派我到东北师范大学进行园长班的培训后，我的职业生涯和专业发展受到了极大的刺激。那里有来自全国的优秀园长，他们的专业素养让我叹服，他们在园长岗位上取得的成就让我仰慕，于是我产生了向他们学习与靠拢的想法。自从有了这样的想法后，我便开始对自己的职业生涯和专业发展有了新的思考，并为之付出了很多的努力。

（二）追梦——从脱颖而出到实至名归：成为名园长培养对象后的思考与行动

经过等待，愿望终于实现。在美好的夏日，贵州省教育厅的黔教办师函〔2019〕308 号文送到，在这份省教育厅办公室关于公布第二批初中、小学、幼儿园省级名校（园）长培养对象的通知中，有了我的名字，我将在为期两年的培养中，在省教育厅搭建的平台中，不断提升自己的专业能力，为办人民满意的学前教育而不懈努力。

在贵州省名园长团队接到了第一次集结的号令，在我的母校——贵阳幼儿师范高等专科学校（贵州省幼儿教师发展中心）领导们的见证下，在来自杭州师范学院领导们的关注中，省教育厅名管办为我们举行了首次开班仪式，领导宣读了入选人员的名单，颁发了工作室主持人的牌匾，我在为期两年的培训中将有四次机会去到美丽的杭州学习、实践，还在首次集结中邀请到国外的培训讲师们，为我们做了专项的培训。

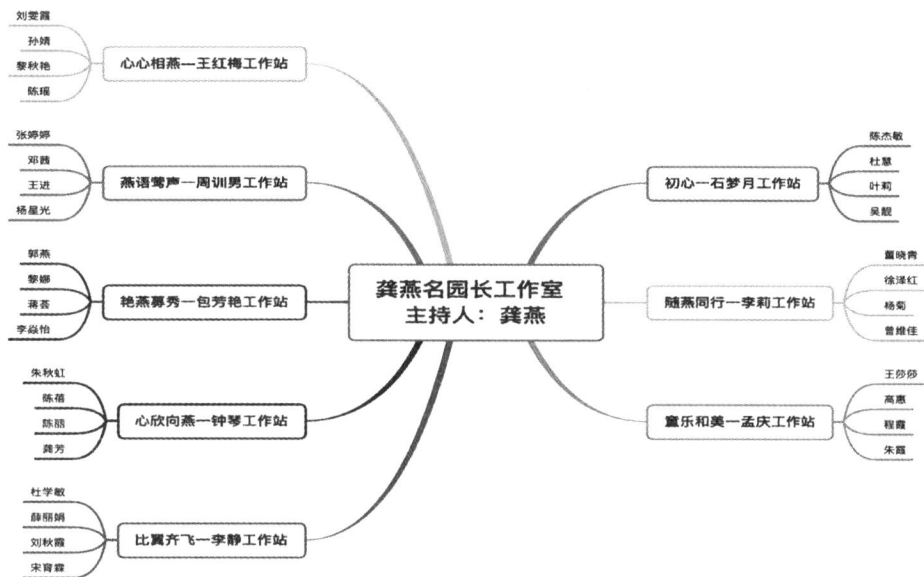

图 5-1　龚燕工作室团队

接下来，作为工作室主持人，我开始组建团队。按照省名管办的要求，根据我所在幼儿园的实际情况，在组建团队的过程中，我的目光触及了贵州省内的其他园所，也因此，向铜仁市的印江四幼、六盘水地区的实验三幼、黔南地区的都匀四幼伸出了橄榄枝。在我的邀请下，园长们都欣然接受。我还关注到了贵阳市内的园所，邀请了开阳龙岗镇幼儿园的园长和骨干教师，南明区第十幼儿园的园长及骨干教师。本区的学员邀请也涉及了区内的县级示范大坪和雅关幼儿园。2020 年 1 月，因教育局调动，我来到了贵阳市实验幼儿园，并且邀请了两名教师加入工作室，最后形成了工作室 41 人的团队，建立了由 8 位站长引领的工作站，每个工作站由 1 名站长带动 4 名成员，开启了工作室发展的新篇章。

（三）圆梦——从一枝独秀到百花齐放：工作室主持人的境界与担当

名园长工作室成立后，我们邀请了贵州师范大学的一位教育学博士作为

第五章　素质教育　立德树人

工作室顾问，东北师范大学教育部主任作为工作室理论导师，上海市闵行区莘庄幼儿园园长作为实践导师，通过理论学习、专业指导、教学实践三个方面对工作室工作保驾护航。

2019 年 10 月，工作室成员与学员通过智慧的融合，确定了工作室理念为"呵护童心·携手同行"，工作室文化为"同行同向同努力，呵护童心显专业"。在这样的文化理念背景下，我们深刻地感受到，我们是全省学前教育发展的重要推动力量，是学前教育教学改革的先行者和引领者，所以我们要不断学习提高自己，发挥好示范和引领的作用，将自己的所学所得辐射到全省乃至全国的各个幼儿园。

在工作室的组织领导下，我与各位成员、学员集思广益，建立工作室的组织机构和岗位职责，每位成员与学员都建立了个人档案，并根据工作室的两年发展规划，制定出个人的两年发展规划。有了制度和计划的奠基，相互协作，工作 定能有效完成。

（四）乘梦——从破茧成蝶到大展宏图：名园长成就名园的梦想与绽放

我引领着名园长工作室，一直秉承"呵护童心·携手同行"的理念，与其他工作室共同学习与研讨、互相交流与分享、各自实践与辐射，合作共赢。

工作室为了使学员与成员在业务能力方面得到更大的提高，通过集中学习、网络学习、共读活动、跟岗培训、外出培训、自主学习等多种途径，为大家搭建了学习与交流的平台，促进能力提升。为加强工作室内各工作站之间的交流和工作站内各学员之间的交流，开展了站际的互访和站内的互访活动。每学期每个工作站开展站际互访三到四次，站内互访一到两次。2020 年初，我与工作室的成员一起申报了省级课题《幼儿园爱国主义主题亲子活动课程资源开发与利用实践研究》，课题实施以来，各园所都积极参与课题的研究与实施，以爱国主义主题的亲子活动课程实施为重点，开发幼儿园爱国主义教育的主题亲子活动课程资源，确定幼儿园实际开展爱国主义亲子主题内容和组织形式，将课题实施真正融入幼儿园教学，融入幼儿的心里，真正践行了"呵护童心·携手同行"的工作室理念。

二、客观场域：名园长专业发展的环境素描

（一）幼儿园：专业发展力量之源头

幼儿园是名园长专业发展力量的源头。我所在的贵阳市第三实验幼儿园

建园于 1958 年，迄今已走过了 60 多年。幼儿园体制的改变，让我有更多机会与同行们交流学习。在贵阳市第三实验幼儿园担任园长的 19 年里，我将幼儿园教职工凝聚成一股绳，积极开展各项活动，提升办园质量。贵阳市第三实验幼儿园先后被评为贵州省省级示范幼儿园三类、二类。

2020 年 1 月，我来到贵阳市实验幼儿园。这所幼儿园虽然有 90 多年的历史，但因总园拆建，分园才运行了 4 年。在 2020 年申报省级示范幼儿园时，教育局基于我的管理能力和实验幼儿园硬件、软件条件，提出申报贵州省省级示范一类幼儿园的建议。我接到建议后，快速、积极引领全园教职工开启了省级示范一类幼儿园的评估之路，从幼儿园在党建行政工作管理、校园文化和建议到课程建立与实施等方面，都有了较大的突破。2021 年 8 月，贵阳市实验幼儿园正式持牌为贵州省省级示范幼儿园一类。

幼儿园办园质量的提升，为我的专业发展带来了原动力，幼儿园整个教师团队的凝聚力和专业能力也使我在专业发展中享受到了前所未有的职业幸福感和成就感。

（二）工作室：专业发展形塑之要地

在贵州省教育厅下发了黔教办师函〔2019〕133 号文件《省教育厅办公室关于开展第二批初中、小学、幼儿园省级名校（园）长培养工作的通知》后，我认真解读文件精神。文中要求：严谨笃学、精通业务、办园理念先进、办学园行为规范、办学园特色鲜明，遵循幼儿身心发展特点和规律，注重培养学生良好品格、创新精神和实践能力。我回顾自己多年的教学和管理工作，并积极参与名园长的遴选。在省级评委的各项审核中，一路过关斩将，最终入选成员名单。

在得到这样的认可后，我积极参与各项培训学习，并在工作室建立团队，寻找专家，梳理工作室的理念，建章立制，使工作室顺利组建。

贵阳市云岩区大坪幼儿园园长曾说："我们这种在城乡接合处的幼儿园，基本上属于被遗忘的角落，没有同行的关心。当接到龚园长的邀请，并给我介绍名园长工作室的建立理念、目标后，我感动得热泪盈眶，终于有人愿意帮助我们这样的幼儿园，自己在业务上终于有人关心和关注了。所以我非常感激龚园长，每一次工作室的培训、学习、研讨我都积极参与。工作室的同行们来过我的幼儿园开展入园指导，让我们受益匪浅。工作室还给我们提供了多次跟岗学习的机会，让我们到优质的幼儿园学习好的管理和教学经验。我非常感激工作室对我和我的幼儿园的引领与培养。"

随着工作室学员的积极加入，我在专业自信、团队引领方面有了进一步的提升，也担负了更多的责任与担当，思考：工作室成员、学员有不同区域的园长、保教主任和教师，如何让他们在原有的基础上得到最大的进步与提升？于是，我通过各类培训、阅读、工作站互访、入园帮扶、课题研究等活动，提升工作室成员、学员的专业能力，使得整个工作室学习氛围优良，同时推进成员、学员所在幼儿园办园质量的提升，充分发挥了名园长在学前教育改革中的示范引领作用。

（三）高校与主管部门：专业发展提升之双拐

工作室是名园长专业发展形塑之要地。成为贵州省名园长工作室主持人培养对象以来，我跟随贵州省名管办的管理脚步，除了拟订工作室适宜的学习目标和内容以外，还能有幸来到浙江师范大学、杭州幼儿师范学院学习。参与学习的园长都来自贵州省内的不同园所，平时极少有机会在一起进行交流，学习让我们有了进一步了解彼此与学习的机会。同时，还可以跟各地的专家、园长一起学习、观摩。聆听了关于规划、课程、提升学校办学品质、园长领导力的问题与思考、幼儿园教师专业发展中的伦理、幼儿园人力资源管理的点滴做法、幼儿园自主游戏、幼儿园管理中的"科学研究"思维、幼儿园园本课程的建构与实施、文献检索的路径与方法、教师礼仪与形象等内容。

在浙大的培训中，缪华良校长的讲座让我开始认真思考自己的管理，如何能够让自己的管理之路更加顺畅？如何让管理绽放品质的光芒？如果我们已经明白了管理的重要性和必要性，在管理中融入自己的巧思和智慧，相信会有更加美好的未来。在王春燕教授关于幼儿园园本课程建设与反思的讲座中，我也在思考我园的课程，阅读课程在我园的开展已经有了多年的尝试，除了营造幼儿园的阅读环境，开展教师阅读指导能力的培训，进行各种藏书之家比赛、亲子共读打卡、图书漂流、亲子自制图书拍卖、图书义卖、爸爸妈妈故事团等活动，还经常增补幼儿园的绘本等，让幼儿随处可见阅读的材料，随处可以进行阅读的活动。我们也在尝试开发阅读课程，让教师在教研活动中发现多种类绘本的不同教学方式。还有首师大刘昊老师的讲座内容，涉及幼儿园管理中的"科学研究"思维，让我对幼儿园管理工作和工作室管理有了进一步深入思考，如何在管理中融入"科学研究"的思维，是我们一线管理人员没有接触过的话题。在我们的管理中，能够有序完成已经不容易，有时候还会有园所管理人员严重不足，以至于园长还要承担更多的事务性工作的情况。在这样的状态下，如果能有科学的管理模式借鉴，如果能够通过科学的管理来安排幼儿园的保教工作、安全工作、家园共育等，那么园长会在管理中更加从容，会使幼儿园工作更加高效。

我还走入浙江省名园（浙师大幼教集团附属第一幼儿园、绍兴市柯桥六一幼儿园、杭州市人民政府机关幼儿园），看到了东部地区优质的办园模式，高质量的园所管理，理论知识丰富的园长们。这一切也促使我不断学习，提升专业素养。

当我来到安吉的幼儿园，都被园所的自主游戏氛围所感染，幼儿真的在游戏中诠释了冒险、喜悦等安吉游戏的关键词，园内的设施设备也是基于幼儿的游戏需求，没有高大上的游戏环境，但幼儿的快乐和幸福却溢于言表。在幼儿园教师的游戏回顾以及教师发起的活动中，我们看到了常态的安吉幼儿园的游戏样态，是的，教师真的是闭上嘴、睁大眼、管住手，是幼儿的游戏陪伴者。程学琴老师在分享中，也让我们感受到放手带给幼儿的成长意义，真游戏带给幼儿成长的诸多好处。安吉游戏的推广正在如火如荼，全国各地的幼儿园都在争先恐后地尝试，但是如何才能真正地放手，是我们最应该关注的话题。如果仅仅是购置了安吉材料，而没有关注幼儿的游戏需求，或仅仅是开放了游戏的场地，而没有在游戏的进行中践行安吉游戏的精髓，那么就有可能还是没有真游戏的发生。我们应该首先要从教育者的角度去培养自己的游戏精神，在陪伴幼儿的过程中才有可能将自己的游戏精神彰显，才真正能够发现幼儿的自主到底如何呈现，从而推动自主游戏的深入发展。

贵州省教育发展中心和贵阳市幼儿师范高等专科学校为名园长的成长提供了更多的机会，为园长的专业发展提供了充分的营养，成了名园长在成长路途中的一道亮丽风景，也使他们真正成了名园长。

三、主观场域：专业发展的自我认知

（一）执着的教育情怀

从一位幼师毕业的年轻教师到幼儿园园长的成长过程中，我对幼儿、学前教育有着执着的教育情怀。

二十多年来，我一直坚持着对幼儿园、教师、幼儿的热爱和关心，这是园长专业发展的内驱动力，也为园长的专业发展奠定了牢固的基础。

（二）强烈的自我发展意识

作为有着丰富经验的园长，我也曾经遇到过瓶颈，为此而迷惘过，甚至放弃了自我发展的机会。但后来我在与全国优秀园长的共同学习中找到了目标和方向，并产生了强烈的自我发展意识。

我曾说："我突然觉得自己还有很多东西都不会，还有很多事情没有做，还有很多方面没有别的园长做得好。我需要加强学习，我要与优秀的园长们建立联系，把我们幼儿园做得更好。"

有了这样的目标后，我的自我发展意识被充分调动起来，名园长工作室的成立为我提供了专业发展的阵地。

（三）业精于勤，行成于思

在专业发展的过程中，我调整以往的工作和学习状态，充分利用业余时间，学习专业课程，如《幼儿游戏理论》《学习品质——关键发展指标与支持性教学策略》《幼儿园文化系统性构建》，学习故事专题培训，家庭教育指导师的培训学习，数不胜数。每次的学习我都认真做好笔记，引领工作室成员共同学习，并在幼儿园运用和实践。在不断的学习与实践中，我的专业能力得到了快速的提升。

（四）机会留给有准备的人

想要专业达到一个更高水平，需要更多的平台。人们常说："机会是留给有准备的人的。"自工作室建立以来，我引领工作室成员共同参与，协同云岩区教师进修学校的学前室主任和教研员，共同完成"筑爱家园·空中游戏"项目小班组录制基地这个光荣而艰巨的任务。2020年，我引领工作室成员、学员申报了省级课题《幼儿园爱国主义主题亲子活动课程资源开发与利用实践研究》。2021年，我所在的贵阳市实验幼儿园成功申报贵州省教师专业示范基地校和"百校扶百校"国培项目，这些项目为工作室成员、学员带来更多的培训和学习机会，使工作室整体水平得以提升，同时给贵州省学前教育注入更多营养，引领学前教育改革与发展。

四、结论与建议

（一）长效机制：创设专业发展的人文环境与专业保障机制

园长的专业发展是一个复杂、系统和发展的动态过程。为了成功地促进园长的专业成长，提升园长的专业素养，从而提高办园质量，必须创设园长专业发展的人文环境与专业保障机制。

比如为工作室各项活动提供环境、时间、经费、技术、制度等，避免名师工作室的各项工作陷入无序状态。

名园长工作室作为园长和教师专业发展的共同体，应当着眼于工作室的共同愿景，尊重工作室成员的发展需求，引领设定目标导向，将工作室成员的切身需求与工作的发展愿景、园长的目标进行整合，从而形成良好的人文环境，建立专业保障机制。

同时，和谐的人际氛围使人与人之间更容易相处、更善于合作。一个成功的名园长工作室要为成员提供相应的支持，一是客观上的工具性支持，即提供完成某项任务必需的物质上的援助、建议或知识，另一个是主观上的情感支持，即关心行为和同情倾向，最终使每位成员都成为自主的学习者。

（二）当下要务：拨动专业实践的驱动任务与增压式激励空间

在名园长工作室发展的过程中，名园长作为具体策划者、调控者、组织者和推进者，要在专业实践中发动内驱力，重建自我。名园长应是工作室愿景和文化的制造者，而共同的愿景和文化不仅让工作室成员凝聚在一起，也为工作室的持续学习提供了焦点和能量。因此，名园长应在合作学习中努力建设和维护教学、科研、实践、管理的共同愿景，形成相互开放、信赖和支援的团队文化。

为了促进名园长的专业发展，还应在名园长工作室建立增压式的激励空间，建立合理健康导向的激励机制。但要注意四个问题：一是激励应适当；二是激励应结合园长能力，难度和挑战适当，既能达成目标，又能获得成就感；三是园长达到激励目标要给予赞赏；四是园长达不到激励目标勿指责，应安慰并给予信心。只有平衡加压与降压，才能取得良好效果，促进园长专业发展。

（三）向内用力：磨砺和实践学前教育情怀和发展信念

幼儿园园长的专业素养是决定幼儿园办园质量的关键因素，幼儿园教师队伍的专业发展、幼儿的健康成长都离不开园长的引领。不少园长内心充满教育情怀，努力坚守在幼教一线，勤奋努力，以教为乐、以园为荣，想方设法提高自身素养。但也不乏一些园长即使继续坚守，但当初的工作热情减退，做事按部就班，得过且过，面对机会时会选择逃避，这就是学前教育情怀和发展信念不够坚定。园长的教育情怀、精神价值追求在任何时期都无比重要，而名园长工作室给予园长更多精神上的关注，为他们提供机会，鼓励他们重塑园长专业信念追求的内在动力。

第八节　我的四季与我的幼儿园

一、迎春绽放接受挑战，脚步匆匆奔跑入营

那是 2019 年的春天，人间最美四月天，当乍暖还寒的早春催生遍地的绿草，当娇艳的迎春还挂在枝头，当人们的脸上洋溢着迎接春日的种种灿然，贵州省教育厅下发了黔教办师函〔2019〕133 号文件《省教育厅办公室关于开展第二批初中、小学、幼儿园省级名校（园）长培养工作的通知》，为贯彻落实全国、全省教育大会及《中共中央国务院关于全面深化新时代教师队伍建设改革的意见》（中发〔2018〕4 号）、《中共贵州省委贵州省人民政府印发关于全面深化新时代教师队伍建设改革的实施意见的通知》（黔党发〔2018〕32 号）文件精神，深入实施中小学"百千万人才培养工程"和"名师名校长提升计划"，培养造就一批政治过硬、品德高尚、业务精湛、治校有方，在全国有一定影响、能发出"贵州声音"的名师名校长，助力全省教育脱贫攻坚和新时代教育改革发展，决定在全省开展第二批初中、小学和幼儿园省级名校（园）长培养工作。作为一名从事学前教育 29 年，担任园长 23 年的教育工作者，我也渴望展示自己的学前教育情怀。在认真阅读文件、理解文件精神的过程中，我也曾自问：我能发出专业的声音吗？我能为贵州学前的脱贫攻坚贡献力量吗？眼前闪过一幕幕的工作场景，与各所幼儿园的情感，与不同幼儿园的孩子们在一起的美好更加清晰，我内心有了坚定的答案：我是一名组织培养多年的园长，我是一名专业的学前教育工作者，面对学前教育的不断改革，面对学前教育被空前关注，面对新时代对学前教育的崭新要求，是时候迎难而上，迎接新挑战了。

随着各项工作的创新开展，名园长的遴选也有了新的方向，在省级评委的各项审核中，一路过关斩将，来到了第二次培养对象的遴选增设项目：演讲。起初自己也有过犹疑，担心准备不够充分，担心在有限的时间内不能完整地表达自己的想法，从而失去机会。随着准备越来越充分，我也越来越从

容，只求全力以赴，无所谓结果。

附文：贵州省第二批幼儿园省级名园长培养对象评审答辩微演讲

我与我的幼儿园

尊敬的各位评委，大家好！我是来自贵阳市第三实验幼儿园的园长龚燕，我担任幼儿园园长已有23年（其中有4年时间是在原贵阳铁路分局都匀铁路幼儿园工作），从第一天走上管理岗位起，我就决定要走好管理的每一步，做好管理的每一天。

贵阳市第三实验幼儿园从铁路系统分流而来，原名叫贵阳铁路分局枣山路幼儿园，建园于1958年，迄今已走过了60多年的历程。接下来，我想唱唱幼儿园的歌。

清唱《幸福乐园》：

我们的幼儿园，幸福的乐园，老师、宝贝和爸妈，串成幸福链。

幼儿园的宝贝们，大家把手牵，沐浴温暖的阳光，幸福乐开颜。

贵阳实验三幼，幸福的每一天，手捧绘本乐涟涟。

贵阳实验三幼，快乐的每一天，手拉手儿笑开颜，笑开颜。

感谢大家的聆听，这首歌是由我作词，贵阳幼专蓬勇老师作曲的贵阳市第三实验幼儿园园歌，我们的园歌有无数的幼儿园粉丝——幼儿园的宝贝、老师和家长。每周都会在幼儿园里响起这首动人的旋律。

一眨眼，我在我的幼儿园已经工作了19年。

我和幼儿园一起走过的19年，是我园教师专业不断提升的19年：在我的陪伴和引领下，他们用心、用情、用爱呵护每一个宝贝；他们善思考、喜表达、乐钻研，让幼儿园课程融入幼儿的一日生活，让阅读课程彰显特色，深入人心；我和老师们一道收获专业发展的喜悦，收获家长理解的感动，收获社会认同的美好。

我和幼儿园一起走过的19年，是幼儿园不断蜕变的19年：在我和老师们的共同努力下，幼儿园获得了贵州省A类食堂、贵州省绿色学校、贵州省省级示范二类幼儿园、贵阳市责任区先进基地、贵阳市云岩区教科研先进园所等荣誉。各级各类学前教育职教集团、高等院校争相与我园签订见实习、跟岗、观摩等协议，各地州市以及贵阳市各级各类幼儿园也纷纷与我园签订手拉手协议，抱团共同成长。我也因此收获了来自各方的赞誉，成了贵州省项一平名校长（初中）工作室的成员，成了贵州省项一平全学段家庭教育智库成员，成了京筑合作项目北京市名园长郭文英工作室的成员，参与了各级各类帮扶工作，收获了更加成熟的自己。

我和幼儿园一起走过的 19 年，是让更多幼儿感受幸福成长的 19 年：在我们为幼儿打造的快乐生活游戏场里，幼儿健康、快乐、自信、优雅，他们参加各种社团活动，感受语言表达的魅力，感受篮球运动的动感，感受奔跑射门的酣畅。他们是幼儿园的主人，图书漂流，图书义卖、拍卖、亲子自制图书，绘本剧表演，晨会活动等，无不体现幼儿参与的快乐与幸福。他们在园里自由地奔跑、嬉戏，在班里自主地活动。三年的时光，幼儿园是他们快乐的家园。我也因为跟幼儿在一起而更加地幸福。我会记住幼儿的名字，给他们讲故事，表演唱歌和舞蹈，和幼儿共同成长。

我与我的幼儿园，有说不完的快乐、道不完的幸福，我将在以后的日子里，更加珍惜在园工作的每一天，为幼儿园的发展、教师的专业提升、幼儿的健康成长倾尽所有。

以上是我的微演讲内容，感谢各位评委的聆听，谢谢！

贵阳市第三实验幼儿园园长　龚燕

2019 年 4 月 27 日

这样的心流冲击着我，每每念及，总会感动不已。你感受到我作为一名园长的幸福与美好了吗？

二、夏日灿烂挥汗真干，迈向未来步步踏实

愿望终于实现，在美好的夏日，贵州省教育厅的黔教办师函〔2019〕308号文姗姗来迟，省教育厅办公室关于公布第二批初中、小学、幼儿园省级名校（园）长培养对象的通知中，有我的名字，我将在为期两年的培养中，在省教育厅搭建的平台中，不断提升自己的专业能力，为办人民满意的学前教育而不懈努力。

接下来，还是在盛夏，贵州省名园长团队接到了第一次集结的号令，在我的母校——贵阳幼儿师范高等专科学校（贵州省幼儿教师发展中心）领导们的见证下，在来自杭州师范学院领导们的关注中，贵州省教育厅名管办为我们举行了首次开班仪式，领导宣读了入选人员的名单，颁发了工作室主持人的牌匾，我在为期两年的培养中将有四次机会去美丽的杭州学习、实践，还在首次集结中邀请到国外的培训讲师们，为我们做了专项培训。

接下来，作为工作室主持人，我开始组建团队。按照省名管办的要求，根据我所在幼儿园的实际情况，在组建团队的过程中，我的目光触及了贵州省内的其他园所，也因此，向铜仁市的印江四幼、六盘水地区的实验三幼、黔南地区的都匀四幼伸出了橄榄枝。在我的邀请下，园长们都欣然接受。我还关注到了贵阳市内的园所，邀请了开阳龙岗镇幼儿园的园长和骨干教师参与，邀请了南明区第十幼儿园的园长及骨干教师。本区的学员邀请也涉及了区内的县级示范幼儿园（大坪和雅关）等。当然，参与人数最多的还是自己当时所在的园所——贵阳市第三实验幼儿园。

2019年7月，我开始了人员招募。按照省教育厅名管办的要求，我对所有的园所进行了梳理，最终形成了工作室成员和学员的名单。

根据大家所在的各园所情况，我对全员35人进行了分组，设置了7个工作站，由实验三幼的2名副园长和其他园所园长担任工作站站长，即工作室成员，每站有学员4名，由工作室主持人与站长共同进行活动安排。

在此期间，我思考了工作室的各项制度、工作室的发展规划等内容，还对所有的成员和学员进行了个人资料的收集。

三、秋光潋滟美好乍现，聚力发展提升专业

秋阳映照在我们的面庞，幸福氤氲着我们的心房。乘着秋风的翅膀，我们贵阳市的五位名园长选择了相聚在贵阳市第三实验幼儿园，大家从成为工作室主持人的那一刻起，就有了团队共享资源的美好愿望，就有了一起完成启动仪式以及第一次各工作室的团队研修工作的策划。

我们聚在一起，充分感受领导的关怀，当各区县的领导表达祝福与希望，当贵阳市基教处的靳林处长表达关怀与要求，我们都充满着引领大家齐步并进的美好愿望。作为教育工作者，师德师风的提升是大家最为关切的话题。在启动仪式后，我们邀请到了贵州省师范学院心理咨询中心主任、心理学教授宛容为大家带来"师德与心理健康"的精彩分享。教师的工作是面对一个个鲜活的生命、充满自主性和差异性的生命，而不是在制造规格化的零件，每一位教师的手里都是许许多多正在成长中的生命，每一个生命都是如此的不同，每一个都如此重要。宛容教授的讲座，给予了现场每一个人深深的思考，如何让正确的价值观引领国家未来接班人的成长和发展，如何用自己的爱心、耐心和责任心办有质量而又公平的学前教育，是我们都要充分认识和反思的问题。

培训后，各工作室开启了第一次研修活动，我们就工作室的文化、发展规划、指导团队、成（学）员组成、工作室制度等进行了细致的阐述，大家都在努力融入这个崭新的团队，都在思考工作室专业化、兴趣化、个性化、品牌化的新的工作方式。我作为主持人向大家颁发成（学）员聘书，与大家签署协议，正式开启了工作室的工作。接下来，各工作站站长带领自己的学员进行了站内活动，大家由陌生到熟悉，在站长的带领下，在工作室的统一指挥下，纷纷表达了自己的成长愿望。

大家在学习工作室制度和发展规划的过程中，认真梳理自己的想法，提出了基于自我成长的合理化建议。

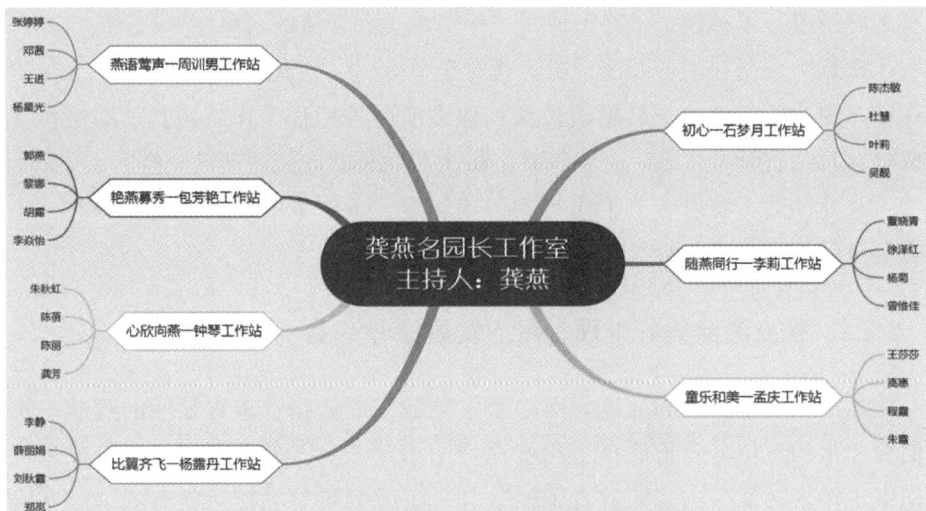

图 5-2　龚燕工作室 2019 年组建的团队分布

由于我工作的调动以及印江四幼的工作变化，我的工作室成（学）员有了较大的调整，加入了我所调入的幼儿园人员以及花溪区石板羊龙幼儿园的人员，变成了 8 个工作站，全体人员共 41 人。

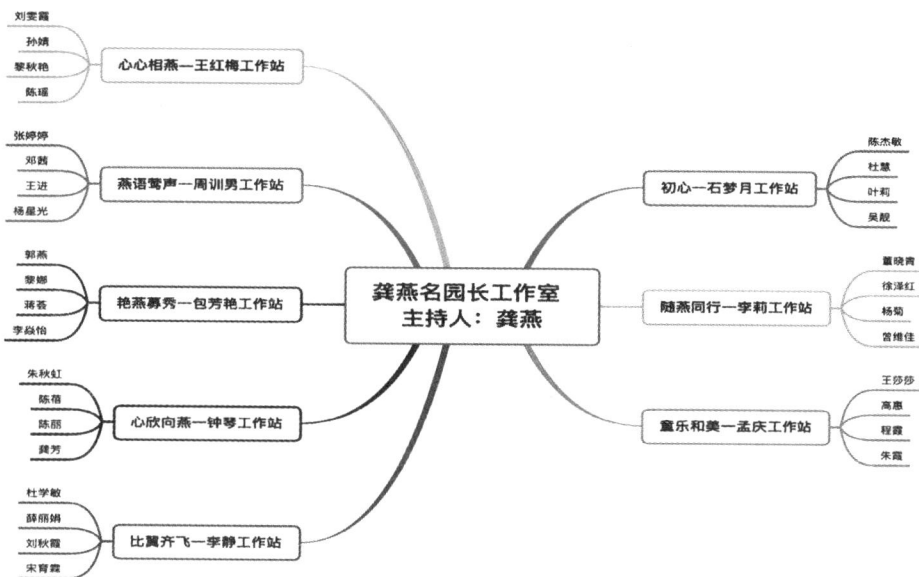

图 5-3　龚燕工作室组建变动

刘雯霜
孙婧
黎秋艳　　心心相燕—王红梅工作站
陈瑶

张婷婷
邓茜
王进　　　燕语莺声—周训男工作站
杨星光

郭燕
黎娜
蒋菁　　　艳燕募秀—包芳艳工作站
李焱怡

朱秋虹
陈蓓
陈丽　　　心欣向燕—钟琴工作站
龚芳

杜学敏
薛丽娟
刘秋霞　　比翼齐飞—李静工作站
宋育霖

龚燕名园长工作室
主持人：龚燕

初心—石梦月工作站　　陈杰敏
杜慧
叶莉
吴靓

随燕同行—宇莉工作站　　董晓青
徐泽红
杨菊
管维佳

童乐和美—孟庆工作站　　王莎莎
高惠
程霜
朱霞

大家在工作室的统一安排下，结合工作室的课题研究以及发展规划，开始了各项研修活动，每学期的工作室跟岗活动、工作站的园际互访活动等都开展得有声有色，大家的成长成了其他园所的向往。

四、冬藏学前如诗美景，遥望未来发展无限

（一）首次踏上杭州学习的成长路，珍藏专业幸福成长的所有美好在心底

2019 年 11 月，我第一次踏上杭州学习之路，经过 12 天的学习、观摩，收获丰沛。

大家来自贵州省内的不同园所，平时极少有机会在一起进行交流，参加这样的学习，让我们有了进一步彼此了解与学习的机会，深感荣幸。同时，我们还可以跟浙江本地的浙派名师和名园长们在一起学习、观摩，这样的安排，其实又进一步给了我们与其他省份的园长、教师交流和彼此学习的好机会。

在随后的培训中，我们聆听了关于规划、课程、提升学校办学品质、园长领导力的问题与思考、幼儿园教师专业发展中的伦理、幼儿园人力资源管理的点滴做法、幼儿园自主游戏、幼儿园管理中的"科学研究"思维、幼儿园园本课程的建构与实施、文献检索的路径与方法、教师礼仪与形象等内容。

在聆听的过程中，感受到作为一名园长，要熟悉、经历、接触的真的很多。

印象深刻的是缪华良。他是一名非常优秀的校长，用情怀、担当、专业当好了校长。大家都纷纷和他探讨，如自己在管理过程中的困惑，他也能认真解答。在他的娓娓道来中，我们明白了要当好一名管理者，专业素养和教育情怀一定要达到足够的高度，同时要有为之奉献的行动。缪华良校长的讲座让我们深思：如何能够让自己的管理之路更加顺畅？如何让管理绽放品质的光芒？如果我们已经明白了管理的重要性和必要性，在管理中融入自己的巧思和智慧，相信会有更加美好的未来。

王春燕教授的幼儿园园本课程建设也让我深有感触：幼儿园的课程极具魅力，每一所幼儿园都有其独特的办园文化，因此，园所的课程呈现也是百花齐放的样态。多年来，很多幼儿园都对此进行了园本课程的探索，但很难得到专家们的指导。其实，基层幼儿园真的很需要专业指导，期待专家们深入一线，给予指导，让教师在保教工作的开展过程中结合保育与教育，让每一个孩子在幼儿园绽放应有的光彩。而日常中，由于地域的差异，由于各园所管理的差异，由于每所幼儿园管理者与教师的专业差异，园本课程所呈现的水平更是参差不齐。在聆听的过程中，我也在思考我园的课程，阅读课程在我园的开展已经有了多年的尝试，除了营造幼儿园的阅读环境，开展教师阅读指导能力的培训，进行各种阅读活动（藏书之家比赛、亲子共读打卡、图书漂流、亲子自制图书拍卖、图书义卖、爸爸妈妈故事团等），还经常性地增补绘本等，让孩子们随处可见阅读材料，随处可以进行阅读。我们也在尝试开发阅读课程，通过组织教师进行分组，让教师在教研活动中发现不同种类绘本的不同教学方式。尽管如此，我园还是没有研发出适宜的阅读课程，大家总是感觉差了一步，如何进行园本课程的进一步梳理还是有困难。因此，高校专家们的理论指导和引领真的非常重要。

首都师范大学刘昊老师的讲座涉及幼儿园管理中的"科学研究"思维，这也是我们做幼儿园管理工作的人员应该进一步深入思考的内容。如何在管理中融入科学研究的思维，是我们一线管理人员没有接触到的话题。能够有序完成日常管理已经不容易，行政事务的繁重制约着很多园长的管理，甚至出现园所管理人员严重不足，以至于园长还要承担更多的事务性工作的情况。因此，如果能有科学的管理模式借鉴，如果能够通过科学的管理来安排幼儿园的保教工作、安全工作、家园共育等，那么园长会在管理中更加从容，会更加有效地推动幼儿园的工作。不知道何时能有这样的模式供我们使用。

本次学习中，主办方还安排了观摩园所的内容。通过走入浙江省的名园（浙师大幼教集团附属第一幼儿园、绍兴市柯桥六一幼儿园、杭州市人民政府机关幼儿园），我们看到了浙江省优质的办园模式，高质量的园所管理，知识丰富的园长们，还有特级园长等，他们的专业素养、对工作的热忱让我们钦佩不已。我们也将不断提升自己，继续前行。

（二）线上学习和培训如期而至

2020 年一场突如其来的新冠疫情打乱了所有人的节奏，我们的学习与培训也陷入了停滞状态。很快，浙师大就进行了调整，推出了线上学习的精彩课程。王春燕教授的《质量视域下的幼儿园课程建设》让我理解了如何从过去的重视课程的结果到重视课程的过程开展；李克建教授的《幼儿园课程评价的理论与实践》让我了解了课程评价是对幼儿园课程的价值进行研究的过程，科学的评价需要运用一定的标准、工具，通过多种方法采集信息，通过对评价信息的综合分析，对课程方案、课程实施过程、课程效果做出一定的价值判断。在进行课程评价的过程中，既有标准化的外部工具，也依据内容和课程目标自我编制。儿基会陈学峰带来的《有"韧性"的幼儿、教师和幼儿园——危机状况下幼儿园质量的思考》线上讲座，也让我了解了儿童发展的生态学观点，以及儿童早期所遭遇的有害压力会给他们带来终身影响，明白了重视儿童本身的认知、社会情感能力和学习品质等，是学前教育工作者必须关注的重要工作。

（三）再次踏上杭州学习培养路

2021 年 5 月，我又一次踏上奔赴杭州学习的路程。我由原来的贵阳市第三实验幼儿园交流到了贵阳市实验幼儿园工作，并因 2020 年 11 月我园省级示范的第一次评估而错过了第二次培训，深感遗憾。本次学习机会也极其珍贵，因为我园即将迎来省级示范幼儿园评估的重要程序——正式评估，而上级领导依旧能让我出来参加培训，可见对我们学习的重视。因此，我唯有珍惜培训、认真培训。

在本次学习中，我有幸聆听到了浙江本土的园长们的精彩分享，脑子里也回荡着自己的管理，思考着自己园所的特色以及办园文化，有些理念与台上的他们不谋而合，也有些理念是自己不曾涉足的。这样的分享让我欣喜不已，我看到了自己的管理优势，也发现了自己的管理不足，还从他们的分享中获得了新的管理方法。

在培训中，来自台湾的陈惠邦教授的《幼儿园科研课题申报与报告写作》，给我们带来了不一样的感受。我参加过很多关于课题申报的培训，经常是云里雾里，而陈教授则条分缕析地提出了研究目的的针对性、研究内容的微观性、研究场所的自然性、研究范式的规范性、研究成果的实效性，并围绕这些谈到了具体做法，让我受益匪浅。尤其是他提到的观察现场是发现问题的重要方法，应从反思记录中寻找急需解决的问题，这是我们经常忽略的做法。随着讲解的深入，我们明白了在寻找课题的过程中，要真正以儿童为中心，客观地发现有价值、需探究、能解决的问题，而不是盲目地拟定研究问题。陈教授对课题从哪里来也进行了深入的分析，他谈到了如何发现问题，如通过实践（教学实践永远是课题的重要源泉）、政策（新政策、新规划隐含了新课题）、学理和理论（新理论、新方法带来新课题），并进行了详细的分析，让我们认识到课题的来源其实很多。

大家深感兴趣的还有彭懿博士的《我的故事说你听》。他真的是一个极具魅力的人啊，带来的视频、图片和故事，让现场的我们深深迷醉。彭懿博士对儿童文学界的贡献颇大，他翻译、创作的绘本无数，为孩子们小小的心灵提供了超级丰富、营养的美食。

本次还有一个内容值得关注，那就是由台湾陈冠杏博士带来的《多动症儿童课堂常规指导策略》，虽然我们的幼儿园里也许并没有多动症这样的特殊儿童，但是在倡导全纳教育的今天，我们作为教育工作者，更应该了解相关知识，提前做好专业知识的储备，以备不时之需。

本次还有贵州名园长晏梅的现场分享，让我十分羡慕与感动。她是我们班的骄傲，更是贵州学前教育的骄傲。

在观摩园所的过程中，有一所叫"一米国"的幼儿园给我留下了深刻的印象，该园不仅硬件条件很好，而且园长及教师都站在儿童的角度，从儿童的视角去关注园所的设置，每一处景致都基于儿童的立场，让儿童在这样的环境中幸福地成长。

浙师大的课程安排也给了我们惊喜，居然安排了火遍国内外的安吉幼儿园参观活动。我们来到安吉幼儿园，都被园所的自主游戏氛围所感染，该园教师真的是闭上嘴，睁大眼，管住手，是孩子们的游戏陪伴者，孩子们的自信、幸福溢于言表。程学琴老师的分享也让我们感受到放手带给儿童的成长意义，真游戏带给儿童成长的诸多好处。但要真正做好，我们应该站在教育者的角度去培养自己的游戏精神，从而在陪伴儿童的过程中彰显自己的游戏精神，真正发现儿童的自主性到底如何呈现，从而推动自主游戏的深入发展。

　　两年的培养转瞬即逝，其中有苦恼和迷茫，有欢笑和激扬。感谢贵州省教育厅能够关注学前教育这个基础教育的基础，让有着朴实的学前教育情怀的园长们在前行的路上更有底气；感谢浙师大杭师院给予我们这群人学习的动力，即使在疫情防控期间，也给我们安排了诸多的线上精神食粮。我愿意将所获进行内化，管理好我的园所，努力传递正能量，让自己成为学前路上的真正前行者。

总　结

　　本章的逻辑前提是，经历了前面多个管理阶段，必然要回到芯结构管理上来。这是本书认定的最佳管理选择。我在其间倾注了大量心血，涉及纵横式教研模式、基地园的蕴蓄与建设、实习生跟岗、浸润式跟岗研修、名园长工作实操方案、管理成长手记等诸多载体形式，来表征我作为教育叙事主人的凿凿铁证。

　　贵阳市实验幼儿园也许已是我管理工作的最后一站，在学前教育高速发展的阶段里，我能够如此幸运地和大家并肩战斗，为了更多的孩子有园上、上好园而努力，是值得自己骄傲的事情。未来已来，我相信自己，一定能够携手所有的实幼人，夯实专业能力，为实幼的发展，为未来的孩子们的幸福成长不遗余力。

赋能成长　蓄势前行

——名园长引领下的专业成长历程

一、赋能的缘起

因儿时和闺蜜在秋千上的一个约定，我成了一名幼儿教师。怀揣着对幼儿教师职业的热爱，我与孩子们一起走过了 14 年难忘而美好的时光。担任保教主任 8 年后，我成了贵阳市实验幼儿园教学副园长。一路走来，除了自己的坚定与努力外，更庆幸的是我遇到了督促我快速专业成长的导师——贵阳市实验幼儿园书记、园长龚燕。与龚园长缘起于 2012 年，那时实验幼儿园准备拆建，我被分流到龚园长当时所在的贵阳市第三实验幼儿园工作。在那三年的相处中，她平易近人、以身作则、兢兢业业、雷厉风行的工作态度让我十分敬佩。也许是真有特别的缘分，2020 年，龚园长调到贵阳市实验幼儿园担任书记、园长。

人们常说："教师有海纳百川的胸膛，有取之不尽的宝藏。"在跟龚园长学习的过程中，她的管理能力、学习能力和领导能力无不让我佩服，一直是我专业成长中的榜样和标杆。更重要的是，她总能看到我身上的优点，发现和包容我身上的不足，并在恰当的时候给我指点迷津，让我能在迷惘时及时找到解决问题的办法。她总能给我提供很多的成长平台，让我大胆去锻炼和展示，不断树立自信，提升专业能力。

二、赋能的课程建设

作为教学副园长，课程建设是重要工作和首要任务。在我园"幸福立体课程"的建构过程中，我们遇到过很多困难，也经历过瓶颈期。龚园长总能引领大家深入探讨，征求多方意见和建议，寻找到突破点，快速从迷惘中找准方向，将我园的"幸福立体课程"不断地进行完善。在 2020 年贵阳市课程方案评比中，我园的《"幸福立体课程"实施方案》获得了一等奖。在这个过程中，我对幼儿园课程建设有了新的认识。

园本课程是以园为本的课程，是在幼儿园现实根基上生长出来的课程。不同幼儿园课程的基础、现状、背景、需求、资源等都不同，因而建构的逻辑起点也不同。课程建设的起点在于儿童，所以我们要思考儿童拥有什么、喜欢什么、需要什么。课程建设的目的也在于儿童，所以我们要思考如何实现儿童全面和谐的发展。我们要有儿童意识、儿童本位、儿童立场，要尊重儿童身心发展的规律和潜力。支持与促进儿童发展是园本课程的核心，也是园本课程的质量追求。因此，我们要以儿童的名义设计课程，以儿童发展的逻辑构建课程，以儿童适宜的方式实施课程，以儿童发展的成效评价课程。

基于幼儿园的文化传承建设课程。文化是课程的源泉，是课程存在和发展的基础。课程作为一种独特文化形态，对文化具有传承和发展的作用。所以，文化和课程是密切相关的。文化是一所幼儿园的灵魂，如何传承幼儿园的文化传统，就需要通过课程作为载体，通过园本课程开发实施来实现。比如我园打造以"幸福"为主题的校园文化，因此"幸福立体课程"孕育而生。

基于幼儿园的资源优势构建课程。《3—6岁儿童学习与发展纲要》中指出："幼儿园应综合利用各种教育资源，为幼儿的发展创造良好的条件。"课程资源不仅仅是教材，也不是只局限于幼儿园内部。涉及幼儿学习与生活环境中一切有利于实现课程目标、指向幼儿发展的各种资源都可以进入课程。

基于幼儿园的发展所需构建课程。幼儿园所具有的现状、背景是园本课程开发的基础。园所的状态不同，幼儿的发展需求不同，课程建设的起点也不同。

根据国家对人才培养的要求及社会对幼儿园教育的期待，结合园所实际与探索，我们形成了"幸福立体课程"。课程以马斯洛需要层次理论、陈鹤琴先生"活教育"思想、朱永新"新教育"思想为理论基础，通过对幼儿心理需求的准确把握，对人生幸福的深刻理解，以大自然大社会为"活教材"，构筑幼儿自然生命之长、社会生命之宽、精神生命之高。因此，我们的课程总目标是培养爱运动、乐交往、善创造的幼儿。其中"爱运动"是指具有健康的体魄、愉快的情绪，动作有力、协调灵敏，有良好的生活习惯和自理能力，敢于挑战且有自我保护的意识和能力。"乐交往"是指能友好与人交往，具有较强的表达能力，遵守基本行为规范，具有自尊、自信、自主的表现，有初步的归属感。"善创造"是指亲近自然，喜欢探究，能在探究中主动认识生活中的各种事物与关系，喜欢生活中各种美的事物，喜欢用多种形式进行艺术表达，并具有艺术表现与创造能力。

在"幸福立体课程"的实施中，主要有以下途径实施课程：

第一是创设能呼吸的环境。"呼吸"一是指教师要给幼儿创设一个温馨、尊重、平等、信任的心理环境；二是指环境与幼儿之间一呼一吸要产生互动。我们每个班级都会根据幼儿的年龄特点、班级文化和主题来创设与幼儿互动的环境。其中包括班级主题墙、生活墙、班级文化、班级区域设置、区域材料投放和户外环境等。

第二是合理的生活活动。我们会合理安排幼儿一日生活，制定有利于幼儿身心全面发展的幼儿园一日生活活动作息制度，引导教师严格按照《幼儿园一日生活实施与指导手册》中的要求组织幼儿一日活动。经验型教师可根据班级实际情况，在不违背幼儿发展规律的前提下，针对幼儿的及时兴趣和情况灵活调整时间。在一日生活的各个环节，三个年龄段的幼儿根据自己的年龄特点和能力发挥自主管理的能力，分别在进餐、盥洗、午睡等环节有不同的自我管理方法，自己设计和管理好班级和自己的一日生活。

第三是游戏活动。"幸福立体课程"立足于幼儿身心发展特点与生活经验，为幼儿提供结构合理、内容丰富的游戏活动。教师要根据幼儿的年龄特点、兴趣爱好与实际经验，选择幼儿游戏的内容，保证充足的游戏时间；因地制宜创设良好的游戏环境，提供安全、卫生、可变、具有多种教育价值的游戏材料，保证幼儿自主游戏的条件；将区域游戏、室内游戏、户外游戏不同类型的游戏相结合；加强游戏过程中的观察，做到观察在前、指导在后，指导的方式恰当。

第四是学习活动。除了开展集体教学以外，我们每学期会开展两个主题活动。主要是通过教师的观察、分析与支持，引导幼儿对感兴趣的事物进行深入的探索，并在探索的过程中，不断更新自己的认知与经验，建构自己的知识体系，培养幼儿成为积极主动的学习者。

第五是运动活动。主要采用早操、晨间活动、体能循环、体育游戏等形式，培养幼儿对运动的兴趣，增强幼儿运动和适应环境的能力，提高幼儿的身体素质。

第六是巡山活动。在"大王叫我来巡山"的活动中，教师带着幼儿到隔壁的燕隼公园，一起玩耍、发现和探索，在与自然的接触中，培养幼儿亲近自然、主动学习的习惯。此活动以班级为单位，每个班级每个月至少开展两次巡山活动，并按要求记录巡山的过程。教师要遵循巡山活动模式，给幼儿提供支持，与幼儿一同探索与发现。

第七是"小鬼当家"活动。旨在培养幼儿的自我服务和自主管理意识、能力，做力所能及的事。我们将教育延伸至家庭，通过家园协作，让幼儿具备较强的自主管理能力。

第八是主题月活动。我们结合每月的特点或重要节庆，以班级、年级、园级开展主题月活动。如三月探究月、四月阅读月、五月劳动月、六月幸福月、七月毕业月、九月关爱月、十月爱国月、十一月运动月、十二月迎新月。

幼儿园课程审议是指课程开发的主体对具体教育实践中的问题进行反复讨论和权衡，以获得一致的理解与解释，并最终做出恰当的课程变革的决定及相应的策略，课程审议决定着课程质量。我们发现，教师对周边资源的甄别和筛选、教育活动的选择和设计、活动目标的设定和把握、教学策略的运用和调整等，都影响着课程实施的质量。

课程审议作为课程建设的重要途径和方法，能提高园本课程的质量。因此，我们创建了幼儿园主题课程"三级审议制度"。其中，一级审议是指在主题课程实施前，教师围绕幼儿的年龄特点、感兴趣的事物与社会热点等，共同商讨本班课程的内容，并撰写主题课程来源、目标、网络、资源利用、环境创设与课程链接，交由课程审议小组进行审核；课程领导小组组织教师对本班预设的主题内容进行全面的介绍，课程领导小组聆听并对各班预设的主题课程内容进行审议，提出合理的意见或建议；班级教师根据课程领导小组的意见和建议进行修改并实施。二级审议是在各班主题课程实施两至三周以后，课程领导小组组织全园教师到各个班级开展二级审议，通过各班教师对本班课程的实施情况进行梳理和介绍，了解各班实施课程过程中的情况或困惑，及时提出意见或建议，与教师共同商讨如何推进课程的开展；课程领导小组向全园反馈课程二级审议的情况，各班教师针对课程二级审议中大家提出的意见和建议进行及时的调整和完善，有效推进课程的实施。三级审议是各班教师对本班开展的主题进行全面的介绍，课程审议领导小组组织全园教师对全园主题课程实施中的进步与不足进行及时的反馈，对班级课程的实施提出新的要求。

另外，在环境中我们也采用审议的形式。我们通过"走动式教研"的形式，课程领导小组组织全园教师深入每个班观摩，听教师介绍班级环境创设的思路和实际做法，实地了解每个班在环境创设中的实际情况和困惑；课程领导小组观摩每个班级的环境创设，并从班级文化、主题环创、区域创设、材料投放等方面进行实地了解，并及时提出整改意见。接下来，每个班级根据教师反馈的意见和建议进行梳理，并结合本班的实际情况对班级环境创设进行再次思考，撰写整改计划。一个月后，继续通过"走动式教研"的形式，课程领导小组组织全园教师深入每个班对环境创设进行观摩，针对前期初评的建议和各班级的"班级环境整改计划"，实地了解整改情况。

通过我园"幸福立体课程"的有效实施，幼儿获得全面发展，园所的教育教学质量得到很大提升。但课程建设不是一步到位的，没有完美的课程，所以我们需要静下心来，蹲下身子，基本幼儿、基于资源、基于发展老老实实、本本分分做课程。

三、赋能教师专业发展

在幼儿园教育教学的管理中，"管人"是我最为头痛的问题。不仅与教师深入交流少，还欠缺相互沟通的方法。在成长的过程中，龚园长经常提醒我，要走近教师，多与他们交流，走进他们的内心，这样管理才能做得好。印象最深的一句话就是："做管理就是做服务，我们的服务对象是孩子，是家长，是老师。"所以，在"幸福"校园文化建设的过程中，我把教师专业能力的培养摆在重要位置，以提升教师的师德水平和业务能力为宗旨，以教师的可持续发展为本，确保教师队伍整体素质的提高，确保我园办园质量和保教水平的提升，使我园的教师和幼儿在幼儿园幸福健康地成长。

（一）幸福成长计划

"幸福成长计划"包含对班级的成长和教师个人的成长，我们实施"包班助成长""师徒共成长"系列活动，让幼儿园的老教师发挥自身的优势，在幸福的校园生活中，帮助年轻教师尽快提升专业能力，开展好各项班务工作，使我园的办园质量得以提升，优质师资队伍得到持续发展，使每一个班级、每一位教师都得到全方面的发展。

其中，幸福包班助成长由班级教师主动邀请行政教师成为该班的幸福包班教师。幸福带教助成长由年轻教师自愿和老教师结对开展带教工作。包班、带教教师还要每月对班级教师开展实施的课程进行监测与评价，及时和教师沟通，提出课程开发与实施的建议，提高班本课程质量。每年带教教师要根据年轻教师的实际情况，制订合理的培养计划。成长期教师在工作中，要按照包班教师和带教教师的建议改变工作方法，提高班级管理质量，同时针对工作困惑和问题，及时与包班、代教教师交流、取经，以解决教学中的实际困难，提升业务能力。

（二）幸福分层管理

鉴于我园教师队伍的实际情况，我将把教师划分为"适应型""发展型""创新型"三个层次，对教师进行分层管理。我们将以园长牵头，对教师进行分层管理，拟定教师分层管理工作方案，打破传统的按年龄、教龄来分层的方式，让教师结合自身实际进行综合自评，衡量自己属于哪个层次，然后考核小组、园领导根据"标准和要求"及教师的实际能力、具体情况，客观公正地对每一位教师进行评价，最后得出"评定结果"，并进行公示。对教师实行分层管理的最终目的是唤醒教师的工作热情，有效促进教师的专业发展，促进全园教师共同提高。我们对教师的分层管理是动态的，关注的是过程，教师处于哪一层次不是"终身制"，而是每年考核一次，根据考核结果可上可下，既使教师有一种紧迫感，又使教师看到前进的方向和目标，充满向上的希望和激情。在分层管理的过程中，实现教师的优势互补、整体提升，通过分层管理，激活教师内在的动力和热情，让教师成长于学习之中、发展于工作之中，焕发成长的活力，幸福地成长。

（三）幸福教研

教研活动是帮助教师专业成长的重要途径，为了快速提升教师的专业水平，教研活动的开展至关重要。在建立健全教研管理制度的同时，我园的教研活动首先是找准问题。通过教学管理人员的观察发现问题、通过教师问卷调查理出共性问题等方式，找出教师在实践中的真问题。其次是发挥教学管理人员及创新型教师的引领作用，开展各种层级的教研，如集体大教研、年级组教研、工坊小组教研、分层次教研等，找到最好的教研途径，解决教学中的问题。真正做到以研促教，那就不能把教研局限地认为是半天的培训或教研，更多的是关注教师教研后的实践。因此，我们正在形成专题培训＋教师实践＋教学研讨＋教师实践＋专家指导＋教学监测相循环的教研模式，让教研真正促进教师专业成长、促进幼儿园保教质量的提升。

（四）幸福工坊

每位教师在保教工作中总有自己的兴趣、长处或想要提升的方面，为了让有共同兴趣和需求的教师抱团发展，我们在幼儿园建立了"幸福工坊"，由在某一领域有特长的两位教师担任坊主，坊主自主招募本工坊的成员。我们建立了幸福美工工坊、幸福阅读工坊、幸福游戏工坊。接着建立工坊各项规章制度，如工坊每月开展一次培训、间周一次研讨、每学期至少一次工坊展示汇报等。教学管理小组指导坊主开展工坊的学习与研讨，在给予他们支持的同时，也鼓励各坊主最大限度发挥业务及创新能力，组织好本工坊的各项研究和实践。工作坊不仅能发挥教师的主动性，同时对坊主也是极好的锻炼机会，使得坊主能在原有的基础上获得教学及教学管理方面的经验，为幼儿园的后继发展培养中坚力量。

（五）幸福展示周

为了给教师提供一个展示自我的平台，促进教师自主发展，我们规划并实施了开展教师"幸福展示周"专业技能展示活动。每学期开展一次教师"幸福展示周"，上半年的"幸福展示周"主要为配班教师提供展示自己特长、爱好或进园以来获得的收获成长的机会。同时，幼儿园教师发展领导小组，还会根据教师的教学基本功，给他们提出展示的主题和内容，让他们在"规定动作"中获得发展，在"自选动作"中展示自我。下半年的"幸福展示周"主要为主班教师提供展示他们的教学经验、特长爱好的机会。幼儿园教师发展领导小组根据主班教师的能力水平和成长需求，也为他们提供展示的主题和内容，不仅让他们获得成长，还在园内起到承上启下、示范引领的作用。两次"幸福周"活动的开展，促使主、配班教师夯实教学基本功，展示自己的优点，在教学中获得自信，找到发展的方向，在幸福的环境中不断成长。

通过不断的实施和完善，我园教师通过多种途径实现专业成长，幼儿园学习氛围浓厚，许多教师也在一次次活动中成长蜕变。同时，这也拉近了我与教师之间的距离，使我的管理能力得到较大提高。2021 年 8 月，贵阳市实验幼儿园未来方舟博学分园被评为贵州省省级示范幼儿园（一类）。

四、赋能专业能力提升

在我的成长道路中，龚园长总是通过多种途径为我提供专业能力提升的平台。2020 年，我加入了"贵州省名园长龚燕工作室"，成立了"王红梅心心相燕工作站"，并担任工作室助理。在名园长工作室这个大家庭中，龚园长引领着我们秉承"呵护童心·携手同行"的理念，共同学习与研讨、互相交流与分享、各自实践与辐射，大家抱团发展，使我们在大团队与小团体中共同发展提升。

为了使我在业务能力方面得到更大的提高，龚园长通过集中学习、网络学习、共读活动、跟岗培训、外出培训、自主学习等多种途径，搭建了学习与交流的平台；为加强我们与工作室内其他成员、学员之间的交流，开展了站际之间的互访和站内的互访活动；为了给我们搭建更高的学习平台，同时把我们的所学所得运用到实践，带领我们参与各项帮扶指工作，促进了贵州省内各园所之间的交流，也提升了各个地区学前教育的质量。

　　同年，我还参与了工作室申报的省级课题《幼儿园爱国主义主题亲子活动课程资源开发与利用实践研究》。课题实施以来，我积极参与课题的研究与实施，以爱国主义主题亲子活动课程实施为重点，开发幼儿园爱国主义教育的主题亲子活动课程资源，确定幼儿园实际开展爱国主义亲子主题内容和组织形式，还以晨会活动、大型活动和节庆活动等内容，展开了深入的实践与研究，将课题实施真正融入幼儿园教学，融入幼儿的心里，真正践行了"呵护童心·携手同行"的工作室理念。

　　在工作室工作推进的过程中，我还主动承担各项工作，比如在工作室阅读分享活动中，分享我的收获与感悟；主持工作室的联合研修和专题培训活动；引领工作室的姐妹们围绕课题进行教研；等等。在一次次的学习与锻炼中，我开始崭露头角，逐渐成长起来。虽然成长的过程是艰辛的，但有着龚园长的引领，有着同伴们的协助，我对自己越来越有信心。

　　2021年，龚园长作为"贵阳市阳光家庭教育工作坊"的坊主，吸纳我成为工作坊的组长，并成立了"艺教赋能团"，现有15名教师共同参与研修。2022年，我们申报的《提升幼儿教师家庭教育指导能力的实践研究》获得了市、省级立项。

　　在幼儿园教学管理的过程中，我慢慢地开始积累了一些小小的经验。比如，当面对很有个性的教师时，我想办法亲近她，与她坦诚相待，拉近彼此的距离，让她融入幼儿园的大家庭，展露自己的风采；当面对幼儿园繁杂的工作时，我清醒地知道管理人员应该思路清晰，做好梳理与分配，以身作则，让大家都投入每一项工作；当面对困难的工作时，不推诿，不抱怨，要积极寻找各种资源，共同解决工作中的难题，再难的工作也会迎刃而解。

　　现在，学前教育正处在高质量发展的阶段，这对幼儿园各项工作提出了高要求和高标准。作为班子成员，我肩负着引领全园教师共同向高质量学前教育发展的重任。今后，我将以此为目标，不断学习提升自己在教育教学方面的专业能力。同时，我还要不断学习与夯实自己的管理经验，形成自己的管理风格，让自己成为一名合格的副园长。

（本文作者：贵阳市实验幼儿园副园长　王红梅）

第五章　素质教育　立德树人

我与龚燕园长的"1"和"许多"

特别喜欢王安忆说过的一句话："生命不过是一场记忆。"人生中有许多的事情，是因为你记得，它才存在。生活中、工作时、生命里，就是有某些时刻，让你特别不舍得忘记，就是要记录下来。而幼儿园就是一个长满故事、记录成长的地方。这篇手记也许是写给我自己的回忆录；也许是致给龚燕园长的一封信；也许讲述的是我与一个有温度的园长的故事，这里充满了无限的可能，有"1"，也有"许多"。

2014 年的一个夏天，我来到了贵阳市第三实验幼儿园实习。刚要进入幼儿园，门口一位高瘦、戴着方框眼镜的教师吸引了我的视线。在我们对视的瞬间，我感受到了一股莫名的气场。她开口对我说："你才体检完吗？下次早一点，不然影响幼儿园的工作！"我愣在原地不知道说些什么，旁边的老师说："这是龚园长！"听到"园长"二字，我不由得紧张起来，也不敢抬头看她，嘴上一边回应着："好的，不好意思，龚园长！"一边"灰溜溜"地走进幼儿园。这便是我与她的第"1"次见面，当时的她在我心里是严厉的、不敢接近的。若干年后，我再次从脑海里翻出这段回忆，才感悟原来我与她第"1"次的相遇便是最好的人生第一课。

一个月的实习生活很快地度过了，我明白我将正式脱离学生的身份，以一个教师的角色进入学前教育事业。对此，我充满了期待和憧憬。但是，我并未留在这所有她的幼儿园，我想多到"外面"转转，心里虽然坚定，但对这所我第"1"次踏入的幼儿园，还是有诸多的不舍。回到家寻找工作的第二天，我接到了龚园长的来电，原以为她会说一些"质问"我为什么不留下来的话语，但是她关切的声音让我放松了许多，我和她聊了我后续的打算和想法后，她也给了我一些建议，就这样在比较轻松的氛围中我们结束了通话。当时，于我而言，也许这是我们的最后"1"次通话了吧。知道我正在找工作后，龚园长把我的联系方式推荐给了另一位园长，第二天我就收到了那位园长的来电，表示希望我能到她的幼儿园工作。挂了电话，我的内心软软的、暖暖的，这是我人生中第"1"次寻找工作，却能感觉到不那么困难，感觉自己也有人关注和重视。我只是"许多"实习教师中的一个，但是她却能记住我，给予我引导和支持，我很感动。当时我不太确定我们是否还能再见面，现在我也想不通为什么那时不打一通电话致谢，或许是因为那时的羞涩，也或许是因为我不懂面对善意后如何表达。总之我们之后是再见面了，而且不止"1"次，是"许多"次。

2017年，我进入贵阳市实验幼儿园工作，这个幼儿园给予了我们年轻教师许多平台和学习的机会。在一次说课比赛的现场，我又"1"次见到了龚园长。她有了一些变化，摘掉了眼镜……她好像没有变化，一身黑色长式皮衣，神采奕奕地与大家侃侃而谈。轮到她在台上发言，我注视着她。临走时，她微笑着向我点头，我也不知道她是否还记得我。比赛结束了，我获得了还算不错的成绩，成了幼儿园关注和培养的对象，参与学习与培训的机会也多了起来。因为同在一个区工作，所以我们见面的机会也多了"许多"。

2020年1月，因为工作调度，我听到老师们闲暇午餐时说起我们幼儿园会来一位新园长。我想了"许多"，会是谁呢？我又没想许多，因为我有一种强烈的感受，心里冒出了一个想法："会不会是龚园长呢？""如果是龚园长来到幼儿园，幼儿园今后会如何？我会如何？"之所以产生那么多的思绪，是因为我知道，一位好的园长就是园所的支柱，会为幼儿园带来生命力；一名好园长就是一所好幼儿园。工作许多年之后，我从这些前辈的身上看到他们对教育事业的热爱，学习到了很多教育方法，懂得了许多人生的道理，我对自己也有了一定的要求，我想要在一所好的幼儿园工作，我更需要一位优秀的园长的指引。

到了宣布园长任命的这一天了，所有的老师都围坐在我们的幸福之家等待着……我们忐忑，我们未知，我们也期待。会议室的门开了，我们纷纷伸长了脖子想要看看园长的样子。熟悉的面孔映入眼帘，是的，"真的是龚园长！"我小声地嘟囔着。在这一刻，我真的相信了缘分是一道桥，人生的路兜兜转转，百转千回，走过了山高，也跨过了水长，总会在不经意间，就会和那个人如期而遇。我"掩饰"着我的激动，故作平静地翻弄着手中的笔记本。我冥冥之中感受到了，龚园长的到来对我来说是我职业生涯的一个新开始，也是美好的开始。

3月，突如其来的疫情打破了我们开学所有的计划，幼儿、教师都被困在了家里。原以为我和大家一样需要宅在家中做一些文案的工作时，我接到了龚园长的电话邀请，贵阳市面向3—6岁幼儿的空中游戏视频录制开始了，需要一些一线教师设计和创作有趣、贴合幼儿兴趣的互动游戏来给予宅家的家长和幼儿教育资源的支持。我知道这是一次难得的机会，我没有任何的迟疑和考虑，毅然决然地前往"一线"与龚园长和实幼的老师们一起"并肩作战"。就这样，我们每天都热火朝天地创作、审议、录制游戏。在这个过程中，我们不断地思考、提升，最后收获了肯定和自信。而我在与龚园长的朝夕相处中，越来越喜欢这个优秀而有"许多"面的园长。这里的"多面"指的是她不同的、可爱的、丰富的性格与表现，比如在我们遇到困难一筹莫展时她表现出的坚韧和鼓励，在我们自信展现自我时她眼神里透露出的骄傲和宠溺，仿佛在说："看！这就是我们实幼的老师们。"在我的第一个游戏播出时，她兴奋地为我加油。

不知不觉，时间到了5月，在全国人民与医护人员的共同努力下，疫情逐渐得到控制，我们也即将迎来开学。我带着激动、期待的心情来到了幼儿园，紧接着的是大家的叙旧、按部就班和各自忙碌。龚园长在开学会议上也为我们带来了一个消息，那便是我们即将迎接省级示范幼儿园的评估。当她说出"一类"的时候，台下一片哗然，有的震惊，有的茫然，有的不知所措。当然，我也是其中一个，这对于只参与过市级示范评估的我们来说，无疑是一个犹如攀上珠穆朗玛的至高目标。龚园长激励大家，并表示："虽然这是一块儿难啃的骨头，但是我们撸起袖子加油干，团结一心，再难啃的骨头也能嚼碎。"这对于大家来说真的是"1"次艰巨的挑战，当然对于龚园长的管理生涯来说也是"1"次特殊的任务。

就这样，在龚园长的指引下，我们有了前进的方向、"攀登"的动力。那段时间里，有"许多"的事情让我们投入、奉献……多到我已经不太能完整描述了，我们热火朝天地建设幼儿园的幸福文化，发动教师、家长、幼儿设计出了专属吉祥物（幸宝与福宝），可爱的小鹿象征着幼儿园充满灵气和智慧的孩子们。龚园长也用充满爱的诗句谱写了一曲《幸福的味道》园歌。大家团结一心建文化、谱园歌、绘吉祥物、创环境、抓教学。幼儿园的未来也在我们的辛苦耕耘中，慢慢发芽成长。虽然那时我们不知道能不能登上"一类"的"山峰"，但是龚园长和我们一起背上了"背包"，拿上了"工具"，揣着"干粮"向着我们的目标出发了。

2021年的6月7日，这"1"天是我们实幼人永远难忘的日子。我们迎来了正式的省级示范评估。在这天之前，我们经历了区级、市级与省级的预评估，有泪水，有挫败，然后又看到希望。这些汗水与泪水交织的日子里，亲爱的龚园长从未缺席，在我们眼里"骄傲"的她，也难过了、流泪了，但是这些负面的情绪都转瞬即逝，随之而来的是更加强大且更加努力的她。就是因为这样一个富有温情色彩的她，让她与实幼，还有我们更加紧密。虽然在评估之前和准备的过程中大家都十分紧张，但是在评估的这三天里，大家的表现却是十分从容和坦荡的，因为我们知道不管是否能获评一类，在这一过程中，我们已经和从前大不相同了。三天后，我们也丝毫不敢松懈，屏息般等待着评估的结果。当龚园长向我们宣布并展示，省教育厅公布2021年省级示范幼儿园升类结果通知文件上"贵阳市实验幼儿园评为省级示范幼儿园（一类）"时，我们欢呼，我们跳离座位，我们相拥而泣，我们有"许多"的情绪要表达，有"许多"的话要说，说给我们自己，或是幼儿园，抑或是致龚园长："感谢！我们一起克服万难，坚持攀上了自己的另一座山峰！"

2022年5月，我从一线转到了行政岗位，从一位教师的身份转换成为一名教学管理人员，实幼也从一所园扩大为三所园。龚园长对我说："你的教学生涯才刚刚开始，要学习的东西还有许多许多，加油！"

是呀！光阴如箭，龚园长与我的相识仿佛是在昨天，在我感叹这些年我们竟然发生了"许多"事情，产生了"许多"回忆的同时，我也花了"许多"时间将这些回忆的碎片慢慢捡拾和拼凑起来，组成了我与龚园长"1"和"许多"的故事。我也在这样一个故事中，在龚园长的润物细无声中慢慢成长。

或许在我之前的职业生涯中，我对于一个好园长的形象是模糊的，但是在她一次次的帮助下、一次次的善意里、一次次的鼓励中，这个形象好似摘掉了戴了多年的模糊眼镜，慢慢变得清晰和立体。

（本文作者：贵阳市实验幼儿园教师　黄静）

后　记

作为一名幼儿园园长，我深知教育管理的重要性和复杂性。多年来，我亲身经历了幼儿园教育管理的各个阶段，从最初的保姆式管理探索至现代化管理。在这个过程中，我不断反思和总结，希望通过书写的方式，分享我的经验和观点，以期对幼儿园教育管理的实践和发展有所启示。

在书中，我聚焦幼儿园的结构管理演进历程，从非结构管理、低结构管理、高结构管理、复结构管理到芯结构管理，逐步呈现了幼儿园教育管理的不同阶段和特点。通过运用学前教育理论和幼儿园教育管理理论，我试图展现不同管理方式对幼儿园教育的影响和价值。

在书写过程中，我充分发挥了人类学记述方法的特点，注重个人经历和观察的描述，通过真实的故事和案例，生动地展现了不同管理方式的演变和实践进路。同时，我结合了学前教育理论和幼儿园教育管理理论，对每个阶段的管理方式进行了分析和解读，力求深入剖析其背后的原理和效果。

在撰写这本书的过程中，我深入思考了学前教育理论和幼儿园教育管理理论对幼儿园管理实践的指导作用，同时结合自己的实践经验和教育观念，较为生动地呈现了我在教育管理中的探索与实践，并试图探索幼儿园管理方式的发展轨迹，从而对幼儿园管理的未来展望做出一些预测和建议。

首先，我认识到非结构管理（保姆式管理）在早期的幼儿园教育中起到了一定的作用，但也暴露出个别化、不规范等问题。低结构管理（园长式管理）的引入带来了更强的组织性和规范性，但仍然存在着园长个人能力的限制和团队协作的不足。高结构管理（制度化管理）的应用进一步推动了幼儿园教育的规范化和质量提升，但也可能导致创造力和个体差异的压抑。复结构管理（文化性管理）以及芯结构管理（现代化管理）的提出，强调了教育文化的构建和素质教育的重要性，为幼儿园管理者提供了新的思路和方法。

书中较为深入地揭示了幼儿园管理的复杂性和多样性。每个幼儿园有其独特性和文化背景，管理者需要根据实际情况选择和适应不同的管理方式。

不同的管理方式适用于不同的时期和情境，没有一种万能的管理模式。每个管理阶段都有其特点和价值，也存在一些局限性和挑战。因此，作为园长，我们需要根据实际情况灵活运用管理理论和方法，不断调整和创新，以适应教育发展的需要。

在书中的最后一章，我谈到了芯结构管理，即科学保教、助幼儿发展和教育现代化管理的理念。随着社会的不断变迁和教育理念的进步，现代幼儿园管理将朝着更加人性化、综合性和科学性的方向发展。对于未来的幼儿园管理，我持有坚定的文化自信。我相信，随着社会对幼儿教育的重视程度不断提高，幼儿园管理将会得到业界和各界更多的关注和支持。

展望未来幼儿园管理，以下五个方面的发展将对幼儿园教育产生积极影响。

一是强化教师专业发展。教师是幼儿园教育的核心力量，他们的专业水平和教育能力直接关系教育质量的提升。因此，应该持续为教师提供培训和发展机会，不仅关注其专业知识和技能的提升，还注重其教育理念和教育观念的更新。同时，鼓励教师进行自主研究和创新实践，建立教师间的协作学习机制，促进教育教学的持续改进。

二是加强家园合作。家庭是幼儿的第一任教育者，家园合作对于幼儿的全面发展至关重要。建立良好的家园沟通和合作机制，与家长共同关注幼儿的发展和教育需求。定期举办家长会议、开展家访活动，让家长了解幼儿园的教育理念和教育目标，与教师共同制订幼儿的学习计划和目标。同时，鼓励家长积极参与课程设计和活动组织，增强家长的参与感和责任意识。

三是推动信息化管理。信息技术的快速发展为幼儿园管理带来了新的机遇和挑战。积极采用信息技术，建立完善的信息管理系统，包括幼儿档案、学习记录、评估数据等。通过数据分析和反馈机制，及时了解幼儿的学习情况和发展动态，为个性化教育提供支持和指导。同时，加强网络安全意识和信息保护，确保幼儿园信息管理的安全性和可靠性。

四是强调幼儿发展的整体性。幼儿的成长和发展不仅仅局限于学科知识的掌握，更重要的是培养幼儿的综合素养和品格。注重培养幼儿的创造力、合作精神、社交能力和情绪管理能力等，使其具备面对未来挑战的综合能力。通过提供丰富多样的学习机会和活动环境，鼓励幼儿探索、发现和表达，培养其兴趣和潜能。

五是注重教育环境的打造。教育环境是幼儿园教育的重要组成部分，宜

后记

人的环境可以激发幼儿的学习兴趣和主动性。因此，应该创造富有启发性和创造性的教育环境，提供多样化的教育资源和活动场所。布置丰富的图书角、艺术角、科学实验室等，让幼儿在自由和有趣的环境中探索和学习。

最后，我衷心希望本书能对广大幼儿园管理者和教育工作者有所启发。我相信，只有通过不断地探索和创新，我们才能够为幼儿提供更好的教育环境和学习机会，培养他们健康、快乐、全面发展的能力，为他们的未来铺就坚实的基础。

谨以此书献给所有致力于幼儿教育事业的同行们，愿我们共同努力，共同成长，为幼儿园教育的发展做出更大的贡献。囿于时间与精力之限，本书可能存在错谬纰漏，敬请业界专家同行予以批评指正。

龚燕

2023 年 7 月 5 日